Neue Moneygamis

10EURO
EURO 10

100

Margit Bogner

Neue Moneygamis

Noch mehr Ideen für pfiffige Geldgeschenke

Weltbild

Inhalt

Bevor Sie beginnen

Geldgeschenke passen zu vielen Gelegenheiten und sind manchmal, etwa bei Hochzeiten oder Taufen, regelrecht erwünscht. Dennoch haftet ihnen oft der Hauch des Unorginellen, Einfallslosen an. Man überreicht verschämt einen Umschlag mit der entsprechenden Summe, und niemand wird sich später an das Geschenk erinnern.
Damit ist jetzt Schluss! Durch eine ansprechende Faltung und eine einfache Bastelidee wird der Euroschein zu einem kleinen Kunstwerk, das bei Ihren Freunden und Verwandten Eindruck macht und unvergessen bleibt. Zum Ausgeben ist so ein Schein fast zu schade!

Alle Faltungen sind so einfach und schnell nachzumachen, dass Sie sicher damit zurechtkommen, auch als Origami-Neuling. Die klassischen Regeln des Origami – Nichts kleben! Nichts malen! Nichts schneiden! – werden in den meisten Fällen eingehalten, denn der Geldschein soll ja hinterher auch noch verwendbar sein. Wenn Sie Wackelaugen aufkleben oder den gefalteten Schein irgendwo befestigen möchten, verwenden Sie am besten Fotokleber oder wieder ablösbares Klebeband, denn beides kann später ohne Rückstände entfernt werden. Und keine Sorge: Auch ein aufgemaltes Auge oder ein durchgestochenes Loch zur Aufhängung entwertet den Schein nicht.

Nun wünsche ich Ihnen viel Freude beim Falten, Basteln und Schenken!
Ihre Margit Bogner

Grundbegriffe des Origami

Die Figuren, die Sie in diesem Buch finden, stammen zwar teilweise aus der klassischen Origami-Tradition, sind aber völlig neue Kreationen. Origami-Fans werden das eine oder andere wiedererkennen, aber vielleicht verblüfft sein über die neuartige Anwendung. Für diejenigen, die noch nie mit Origami zu tun hatten, soll die folgende Einführung eine Hilfestellung geben, damit Sie alle Anleitungen problemlos nacharbeiten können.

Eine Kunst aus Asien

Die Kunst des Origami stammt aus Japan. Zunächst wurden vor allem religiöse Objekte gefaltet, die den Göttern dargebracht wurden. Aber schon bald wurde Origami ein Hobby für die ganze Familie, denn Erwachsene und Kinder waren gemeinsam beschäftigt, und mit den schönsten Modellen konnte das Haus geschmückt oder ein individuelles Geschenk gemacht werden. Das Wort Origami bedeutet nichts anderes als Papierfalten (*ori* = falten und *kami* = Papier) und wird heute auf der ganzen Welt praktiziert.

Das Material

Im Origami verwendet man fast immer quadratisches Papier. Und ein Geldschein ist nun einmal nicht quadratisch. Also werden Sie in diesem Buch nur Objekte finden, die aus dem rechteckigen Format des Geldscheins entstanden sind. Bei den meisten Figuren ist es unerheblich, ob sie aus einem Fünf-, Zehn-, 20-, 50-, 100- oder auch 500-Euro-Schein gefaltet werden. Allerdings ergibt nur der Fünf-Euro-Schein, wenn Sie ihn einmal zusammenfalten, ein echtes Quadrat, was für manche Modelle nötig ist. So lassen sich z. B. die geometrische Figur auf Seite 36/37 oder der Stern auf Seite 20/21 nur aus Fünf-Euro-Scheinen falten. Wenn bei dem einzelnen Modell nichts angegeben ist, können Sie allerdings jeden beliebigen Euroschein (und natürlich auch fremde Währungen) verwenden.
Am einfachsten geht es, wenn Sie einen neuen und glatten Geldschein aussuchen, der noch nicht »vorgefaltet«, also zerknittert ist. Wichtig ist vor allem: Falten Sie exakt!

Die wichtigsten Faltungen und Symbole

Die Anleitungen in diesem Buch beschreiben Ihnen in Wort und Bild, wie Origami geht. Jeder Schritt ist gezeichnet und daneben noch einmal in Worten erklärt, sodass Sie sich an beiden Erklärungen orientieren können. Origami-Profis falten nur noch nach den Zeichnungen, aber für einen Anfänger ist der Text oft hilfreich. Hier bekommen Sie also beides, ganz wie Sie es brauchen.

Die Zeichnungen

Für die Zeichnungen gibt es gewisse Symbole, die Sie in jeder Origami-Anleitung wieder finden. Wenn Sie diese beherrschen, können Sie auch Anleitungen aus Japan oder Amerika ohne Probleme verstehen und nachfalten. Im Folgenden erkläre ich die Symbole, die Sie für die Figuren in diesem Buch brauchen. Am besten versuchen Sie zunächst, die verschiedenen Faltungen mit einfachem Schreibpapier nachzuarbeiten.

Dieses Symbol bedeutet, dass aus Platzmangel nur ein Teil der Figur gezeichnet ist. An der Wellenlinie rechts geht der Schein weiter.

Eine gestrichelte Linie bedeutet eine **Falte nach vorne**. Man bezeichnet diese Falte als **Talfalte**, weil beim Wieder-Auffalten ein »Tal« im Papier entstanden ist.

Eine gepunktete Linie bedeutet eine **Falte nach hinten**, eine sogenannte **Bergfalte**.

Ein Pfeil gibt die entsprechende Faltrichtung an.

Ein Pfeil mit zwei Spitzen bedeutet, dass man eine Falte legt und diese dann wieder öffnet. Man spricht auch von **»Vorfalten«**, denn die Falte wird meist in einem späteren Schritt wieder geschlossen. Manchmal benötigt man solche Falten auch, um eine Linie, z. B. die Mitte eines Scheins, zu markieren.

Dieser Pfeil bedeutet, dass man den ganzen Schein umdreht, sodass also die Rückseite danach vorne liegt.

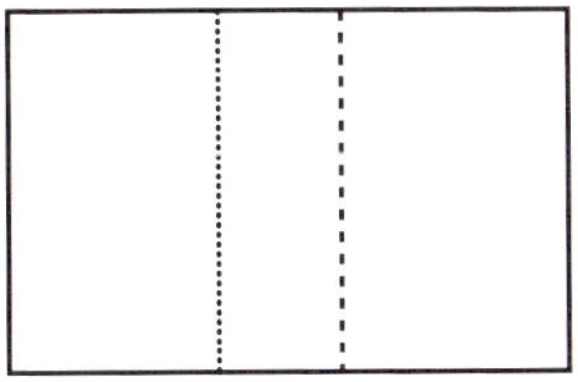

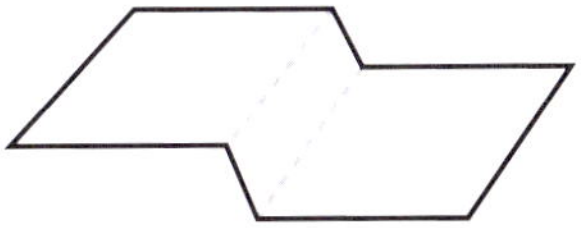

Eine **Zickzackfalte** entsteht, wenn man parallel zueinander eine Berg- und eine Talfalte legt. Bei mehreren Berg- und Talfalten nebeneinander spricht man von Ziehharmonikafaltung. Auf Seite 18 erfahren Sie, wie man eine exakte Ziehharmonika faltet.

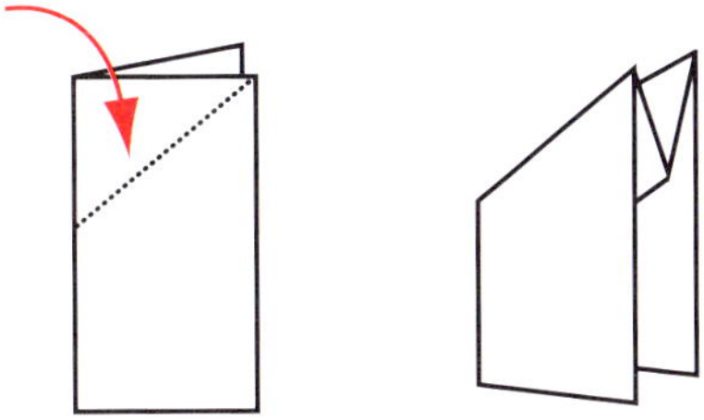

Dies ist eine **Gegenfalte nach innen**. Sie falten dafür ein Papier einmal in der Mitte, dann falten Sie eine schräge Falte durch beide Lagen. Diese Schräge dient nur als Vorfalte, wird also gleich wieder geöffnet. Nun öffnen Sie auch das doppelt gelegte Papier ein bisschen und ziehen die obere linke Ecke vorsichtig nach innen zwischen die beiden Papierlagen. Das Papier faltet sich entlang der vorgefalteten Schräge.

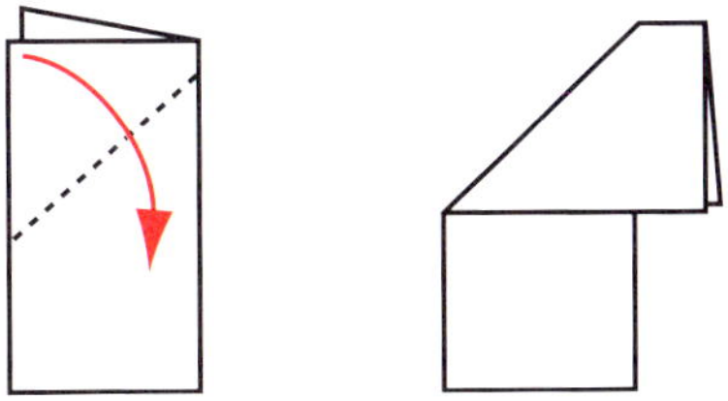

Hier sehen Sie eine **Gegenfalte nach außen**. Sie wird genauso vorgefaltet wie die oben beschriebene Gegenfalte nach innen. Am Ende klappen Sie den oberen Teil jedoch um das andere Papier nach außen.

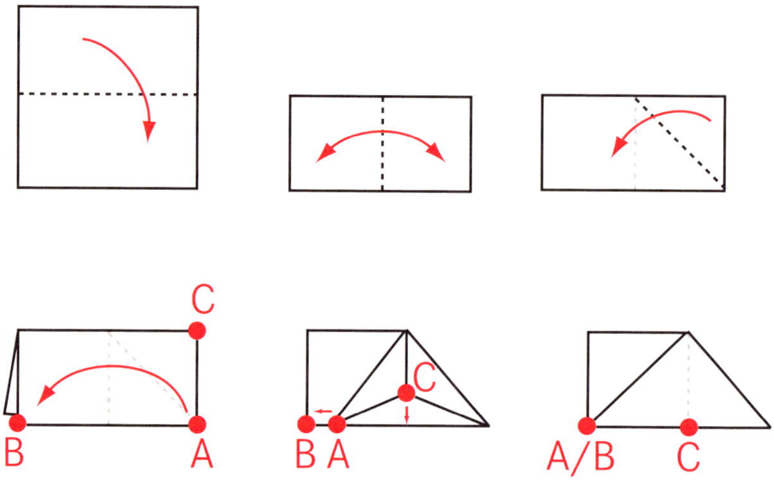

Um die Anleitungen in diesem Buch nacharbeiten zu können, müssen Sie auch die **Spreizfalte** beherrschen. Sie wird im Origami relativ häufig gebraucht. Dafür falten Sie ein quadratisches Papier einmal in der Mitte zusammen. Dann falten Sie es quer zur Hälfte und wieder auf.

Schließlich wird auch noch die rechte Ecke nach unten vorgefaltet. Nach diesen ganzen Vorbereitungen kommt jetzt letztendlich die richtige Spreizfalte: Ziehen Sie die Ecke A zur Ecke B, die Ecke C wandert dabei nach unten. Falten glätten, fertig!

TIPP Als Origami-Neuling sollten Sie die Grundfaltungen erst einmal an einem weniger wertvollen Papier üben, etwa einem Stück Geschenkpapier, Schreibpapier oder einfach einem Notizzettel. Manches Objekt muss man erst mehrmals falten, um es wirklich begriffen zu haben. Bewahren Sie Geduld! Wenn Sie bei einer Anleitung einmal nicht mehr weiter wissen, ist es gut, sich Ihre Vorübungen wieder ins Gedächtnis zu rufen. Legen Sie den Geldschein weg, und vergegenwärtigen Sie sich die Faltfigur an einem ganz anderen Papier. Sie werden sehen: Plötzlich geht es wie von selbst.

Funkelnde Lichterkette

Diese leuchtende Geschenkidee hat mit dem klassischen Origami nicht viel zu tun, aber sie ist sehr einfach und kann beliebig ausgeweitet werden, so lange die Lichterkette – oder Ihr Geldbeutel – reicht.

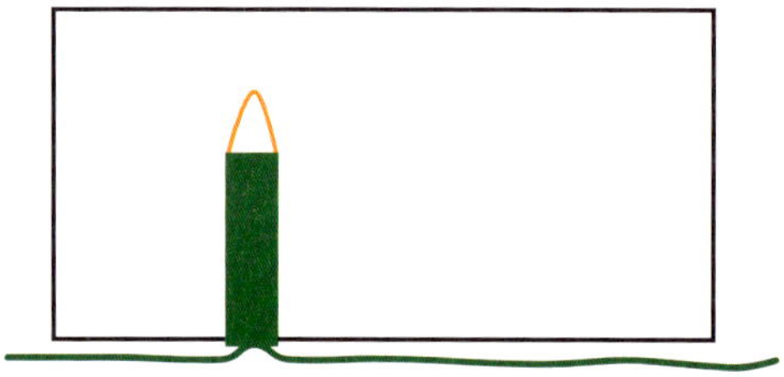

1 Den Geldschein an die Unterkante eines Lämpchens legen.

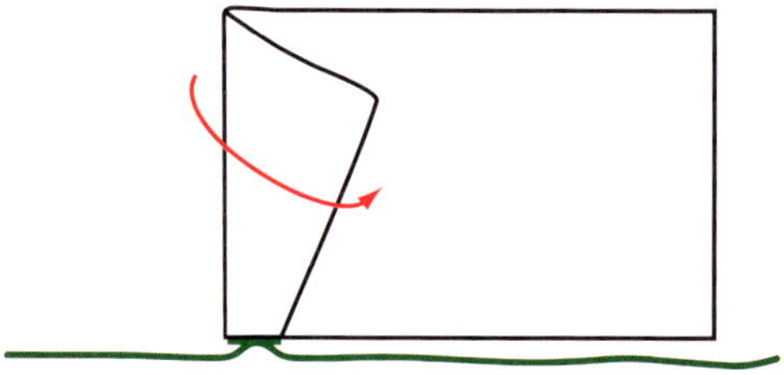

2 Das kürzere Ende des Scheins um das Lämpchen nach hinten wickeln.

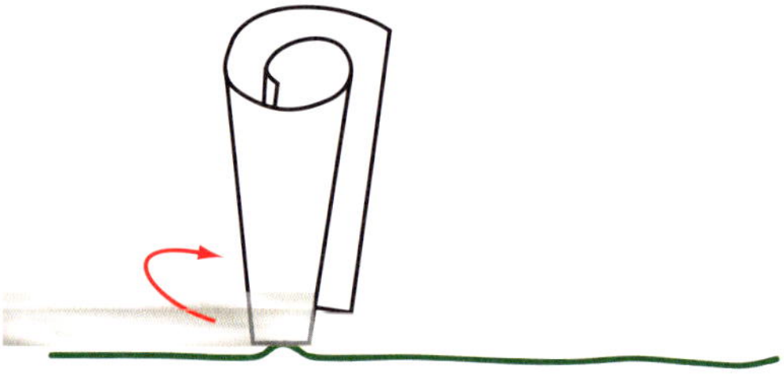

3 Den Rest des Scheins wie eine Tüte aufwickeln und am unteren Ende mit Klebestreifen befestigen.

TIPP Eine Lichterkette mit bunten Lämpchen wie auf dem Foto wirkt sehr fröhlich und passt zu jeder Jahreszeit. Wenn Sie eine Lichterkette mit Nikoläusen oder Zitronen kaufen, können Sie Ihr Geldgeschenk natürlich auch dem Anlass, etwa Weihnachten oder Sommerfest, anpassen. Die gekauften Aufsätze, in unserem Fall durchsichtige Blumen, lassen sich ganz leicht von den Lämpchen abziehen und durch die aufgerollten Geldscheine ersetzen. Aber Vorsicht: Die Lämpchen werden ziemlich heiß, sie sollten also nicht direkt an den Geldscheinen anliegen. Und eine dauerhafte Dekoration kann damit natürlich nicht empfohlen werden.

Ein reicher Fischzug

Auf einen passenden Fotohalter geklemmt, wird der gefaltete Geldschein ein Blickfang auf dem Schreibtisch und eine nette Überraschung, nicht nur für Wassersport- oder Angelfreunde.

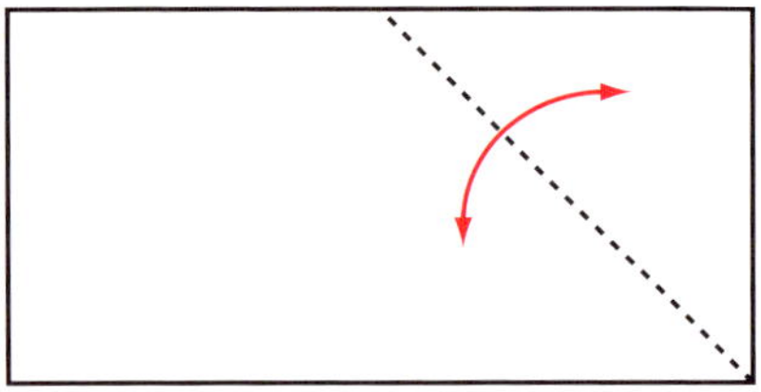

1 Die obere rechte Ecke des Geldscheins nach unten vorfalten.

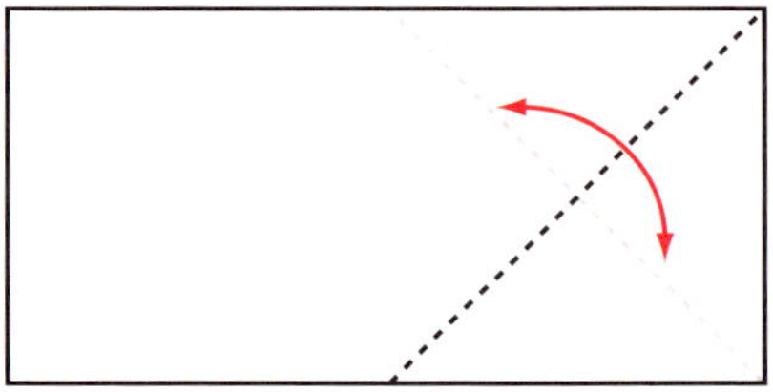

2 Die untere rechte Ecke nach oben vorfalten.

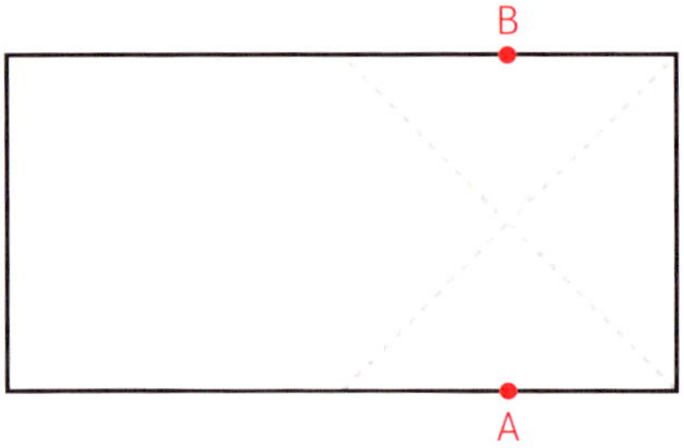

3 Punkte A und B nach hinten zusammendrücken, der Schnittpunkt der vorgefalteten Diagonalen bildet eine Spitze nach oben.

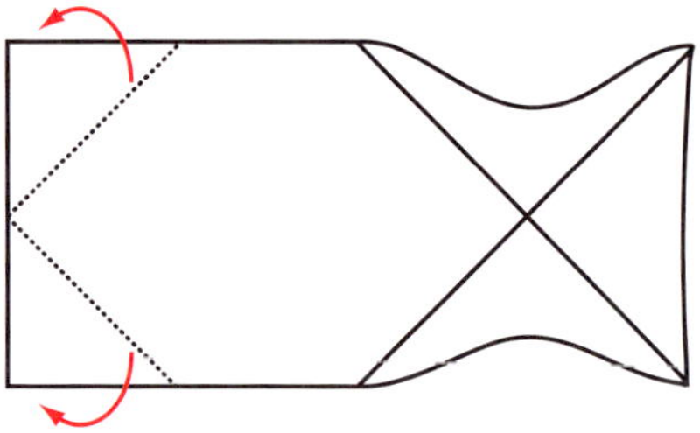

4 Die linken Ecken nach hinten zur Mitte falten.

TIPP Der Fisch ist in vielen Kulturen ein Symbol für Glück und Fruchtbarkeit. In der christlichen Tradition steht der Fisch für die Taufe und war besonders in der frühen Christenheit eine sehr beliebte und weit verbreitete Darstellung. Noch heute findet man auf Taufkerzen häufig einen Fisch dargestellt.

20
X08364080018
20

Pfeilförmige Rakete

Hier fungiert der Pfeil als eine Art »Überbrückungsgeld«, um den schwierigen Übergang in ein neues Lebensjahrzehnt zu versüßen. Oder reist da jemand per Rakete rasant ins neue Lebensjahr?

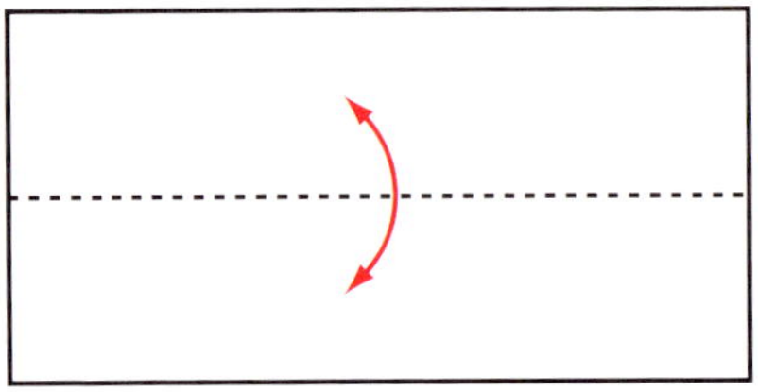

1 Die Mittellinie des Geldscheins längs vorfalten.

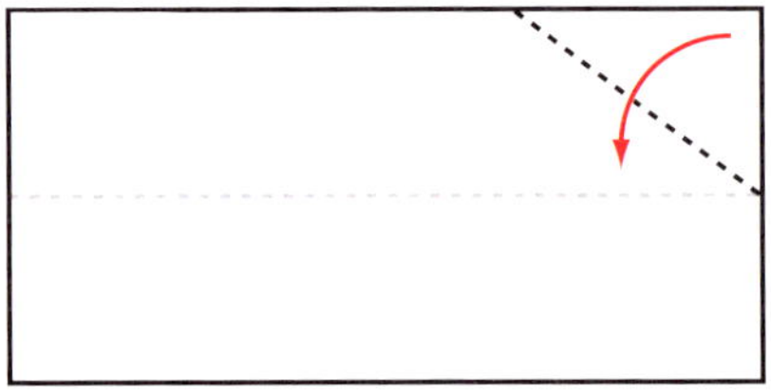

2 Eine Ecke nach innen falten (bis über die Mittellinie).

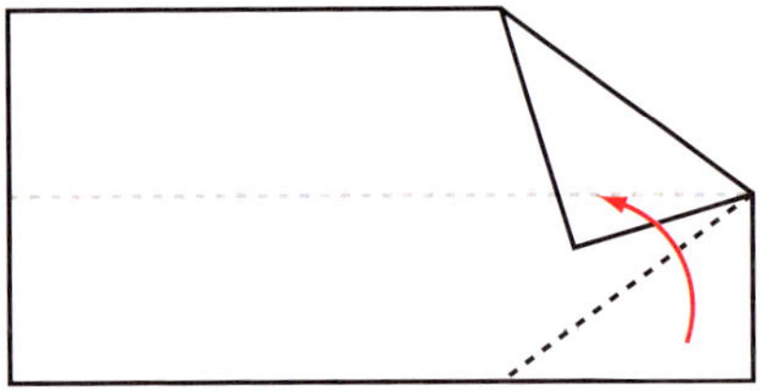

3 Die andere Ecke ebenso weit darüber falten.

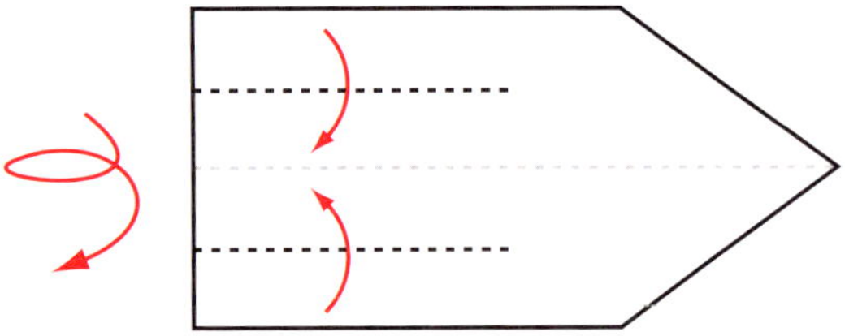

4 Die Figur umdrehen. Die Seitenkanten zur Mittellinie falten, etwa 3 Zentimeter lang.

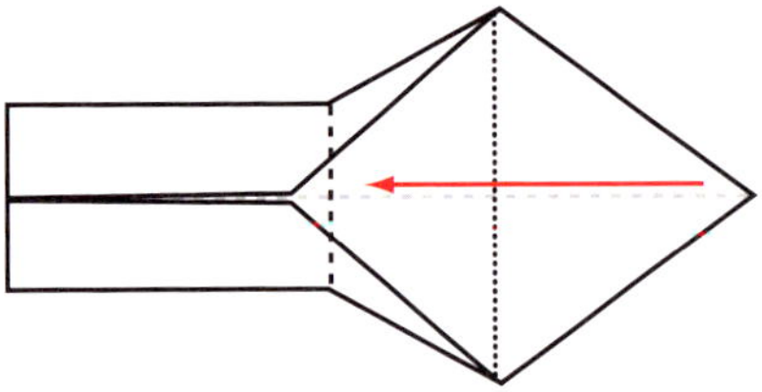

5 Die rechte Spitze über das Papier nach links schieben. Dabei den Pfeil entlang des gezeichneten Dreiecks vorsichtig einfalten.

30
29-28-27
HAPPY BIRTHDAY

Engelsflügel

Verleihen Sie einem Rauschgoldengel wertvolle Flügel! Egal, ob Sie den Engel selbst basteln oder bei einem gekauften Engel die Flügel ersetzen, dies ist ein wunderbares Weihnachtsgeschenk.

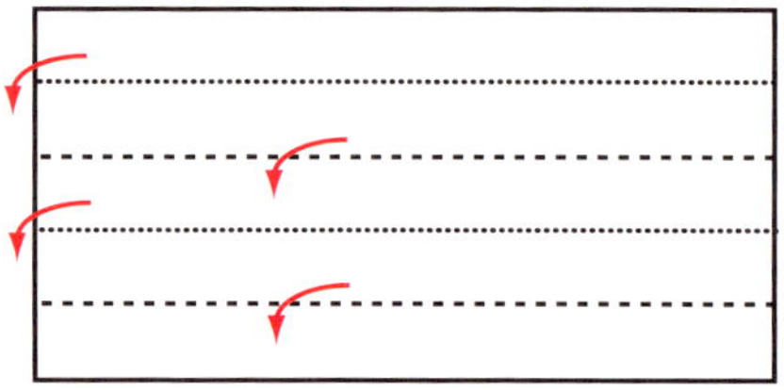

1 Den Geldschein längs in etwa 1 Zentimeter breite Ziehharmonikafalten legen.

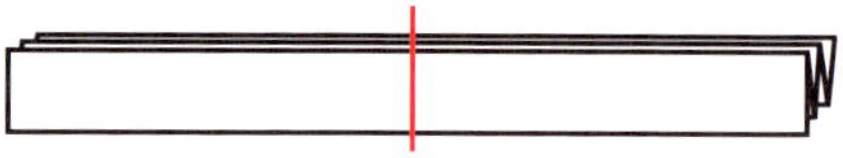

2 Mittig mit Daumen und Zeigefinger zusammenhalten. Mit der anderen Hand die Seiten auffächern. Den Schein in der Mitte zusammenbinden und am Rücken des Engels befestigen.

So falten Sie eine exakte Ziehharmonika:

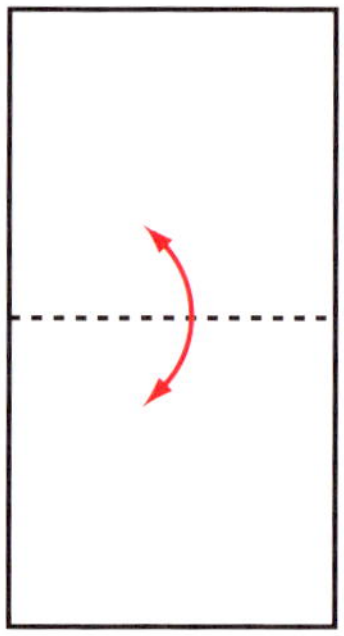

1 Die Mitte des Geldscheins vorfalten.

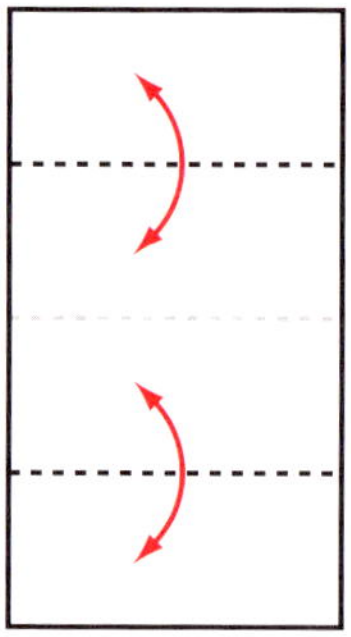

2 Die Hälften nochmals quer halbieren. Es entstehen drei Talfalten.

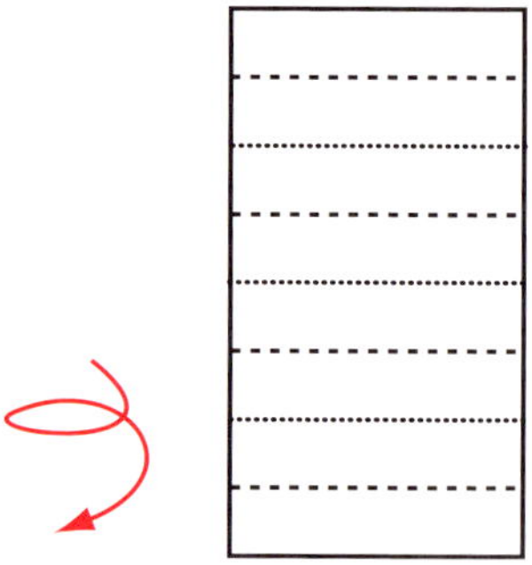

3 Die Figur umdrehen. Die Talfalten sind nun Bergfalten. Bergfalte auf Bergfalte legen, dazwischen Talfalten bilden.

Ein leuchtender Stern

Noch eine erfreuliche Überraschung zur Weihnachtszeit: Falten Sie aus Fünf-Euro-Scheinen einige Sterne, und hängen Sie sie mit goldenen Bändchen an einen geschmückten Tannenzweig.

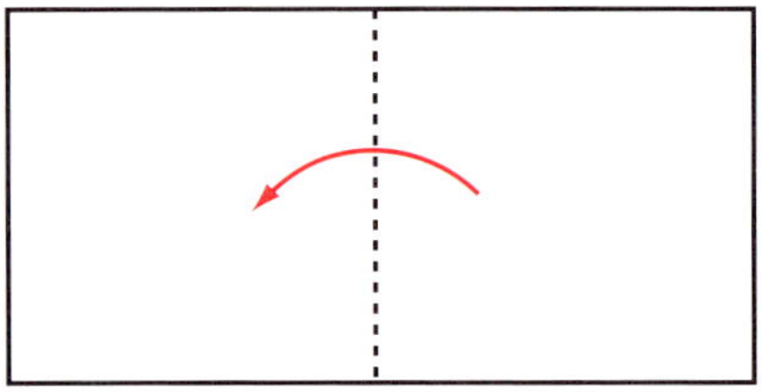

1 Den Geldschein quer zusammenfalten. (Nach dieser Faltung muss der Geldschein quadratisch sein.)

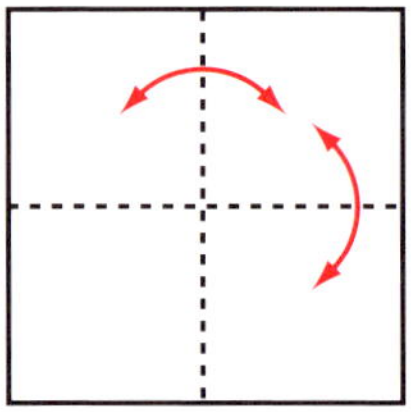

2 Kreuz- und Querlinie (durch beide Papierlagen) vorfalten.

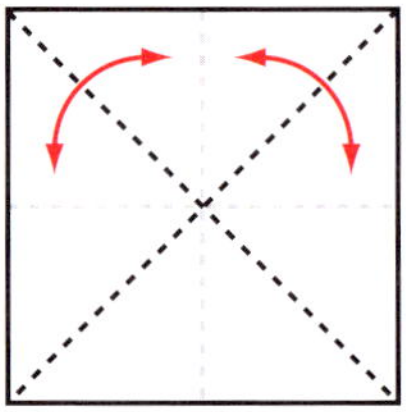

3 Die Diagonalen (durch beide Papierlagen) vorfalten.

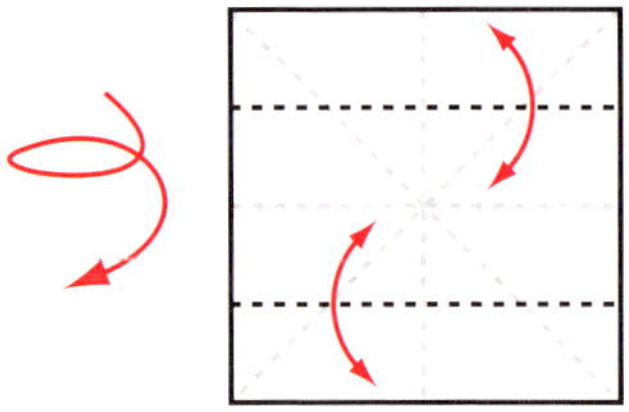

4 Die Figur umdrehen. Die untere und obere Kante (durch beide Papierlagen) zur Mitte vorfalten.

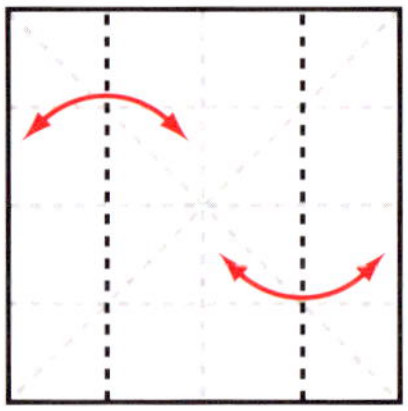

5 Die rechte und linke Kante (durch beide Papierlagen) ebenfalls zur Mitte vorfalten.

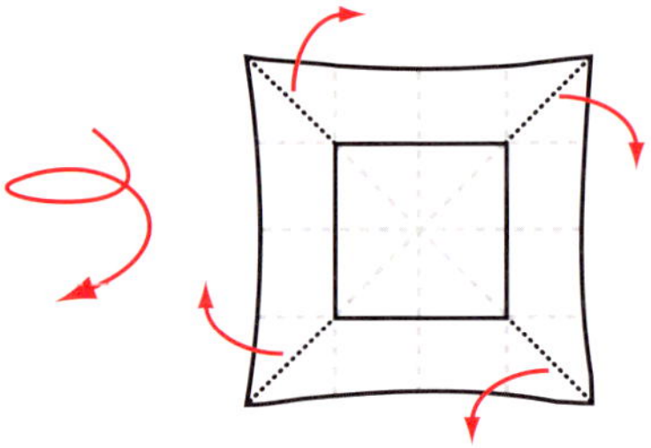

6 Die Figur umdrehen. Die vier Ecken nach hinten zusammendrücken; die Figur zusammenschieben.

TIPP Die Sterne sind ein hübscher und beim Beschenkten sicher beliebter Schmuck am Christbaum oder an einem Tannenzweig, der beispielsweise im Nikolauspäckchen liegen kann.

Zeit für Glückspilze

Zu Neujahr, aber auch zu jedem anderen Anlass, verschenkt man gerne Glückssymbole. Diese kleinen Fliegenpilze werden natürlich am besten aus den roten Zehn-Euro-Scheinen gefaltet.

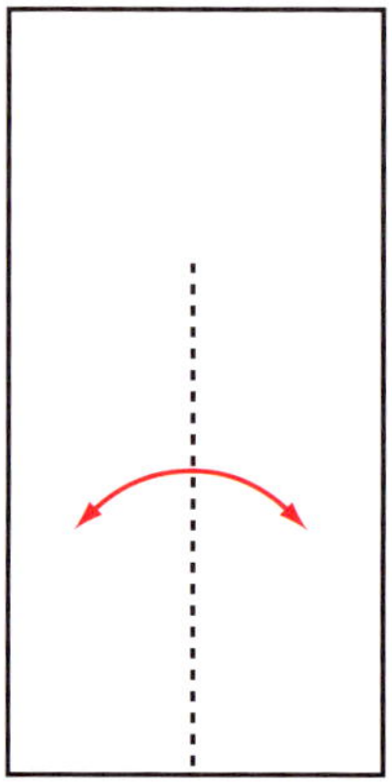

1 Die Mittellinie bis etwa zwei Drittel der Länge des Geldscheins vorfalten.

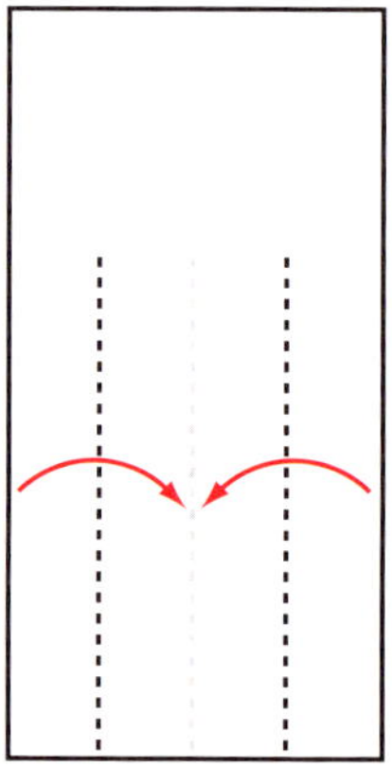

2 Die Seiten zur Mittellinie falten.

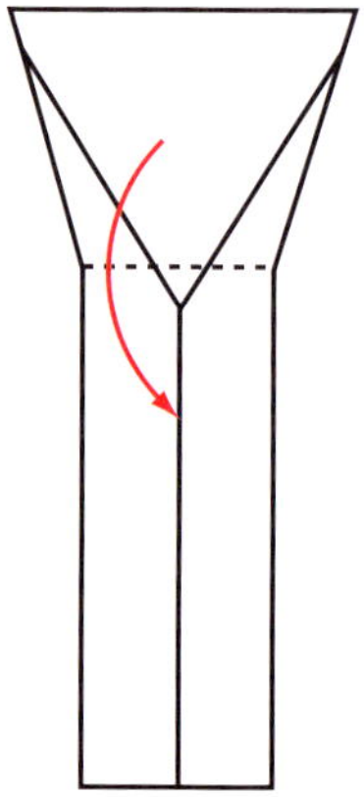

3 Das obere Drittel nach unten falten. An den Seiten schräge Kanten ausbilden.

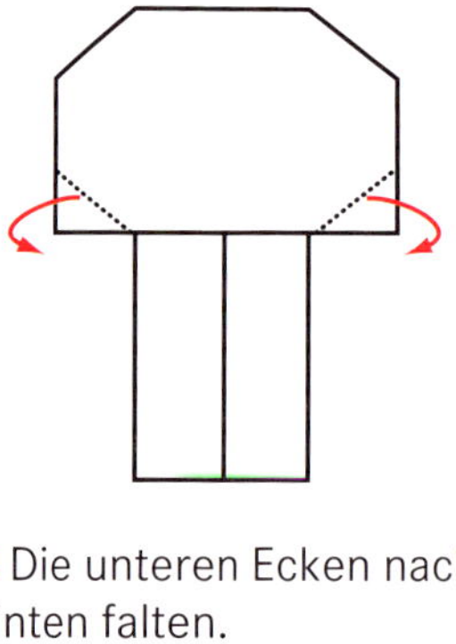

4 Die unteren Ecken nach hinten falten.

TIPP

Kaufen Sie eine künstliche Wiese und einige Deko-Fliegenpilze, die Sie neben die gefalteten Pilze in die Wiese setzen. Nach Wunsch können die Köpfe der gefalteten Pilze auch noch mit weißen Punkten aus dem Locher beklebt werden. Der kleine Schornsteinfeger ist ebenso ein Symbol, das Glück wünscht. Gerade um den Jahreswechsel herum gibt es in Bastelläden hierzu reichlich Material.

X23166798698
EURO

Wertvolles Kuvert

Ein Behälter, der kein Geld beinhaltet, sondern selbst aus Geld besteht – das ist doch mal was anderes! Vielleicht füllen Sie ihn ja noch mit einem Cent oder einem anderen kleinen Gegenstand.

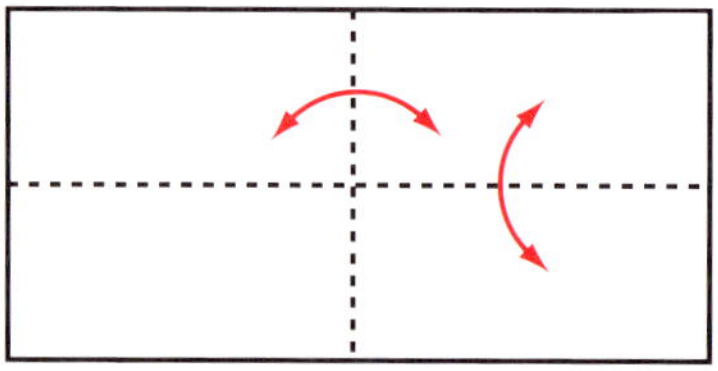

1 Die Mittellinien des Geldscheins längs und quer vorfalten.

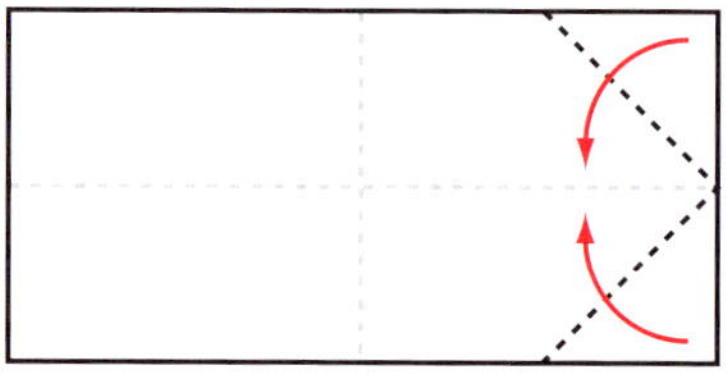

2 Die rechten Ecken zur Mittellinie falten.

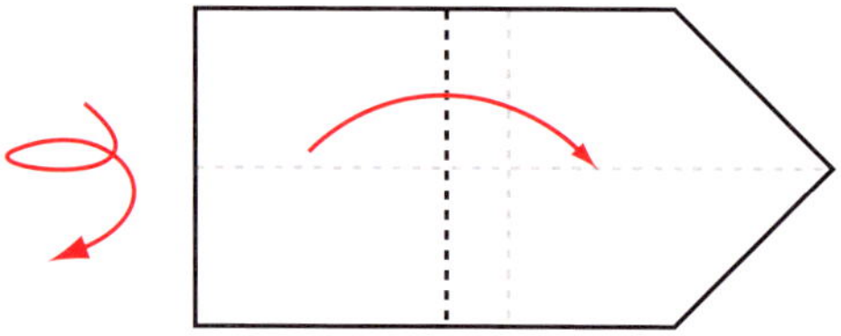

3 Die Figur umdrehen. Die linke Seite nach rechts falten. Die Faltlinie liegt etwa 1 Zentimeter links der Mittellinie.

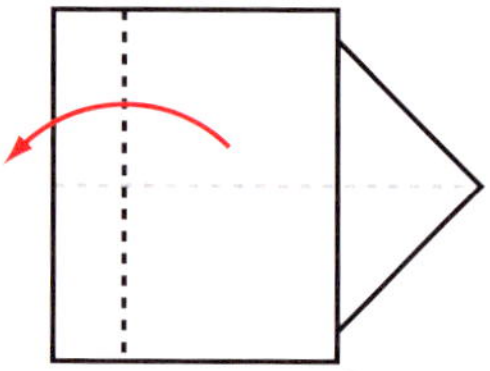

4 Die obere Lage entlang der Mittellinie zurück nach links falten.

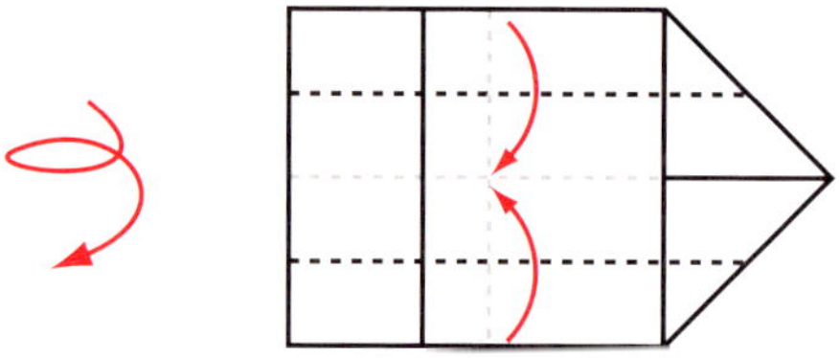

5 Die Figur umdrehen. Die Seitenkanten zur Mittellinie falten.

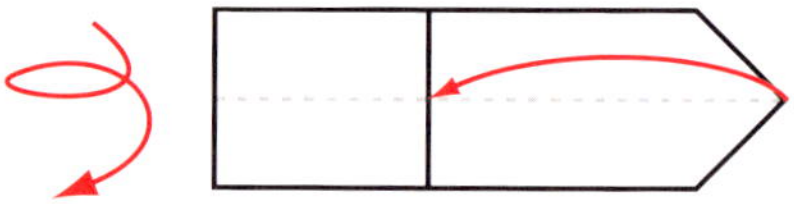

6 Die Figur wieder umdrehen. Die rechte Spitze unter den linken Falz stecken.

Hübsches Windrad

Dieses Windrad kann sich zwar nicht drehen, aber es wird trotzdem frischen Wind in Ihre Haushaltskasse bringen. Als Geschenk stecken Sie den Stab vielleicht in die Erde neben einer neuen Topfpflanze.

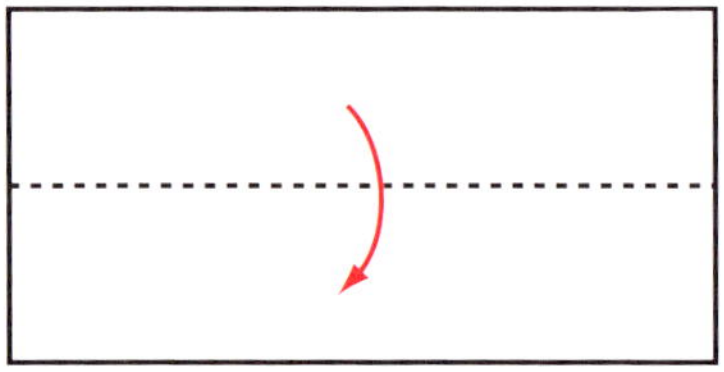

1 Den Geldschein längs zusammenfalten.

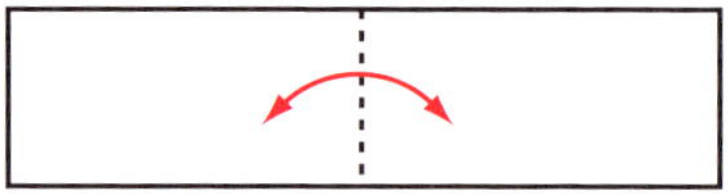

2 Die Mittellinie vorfalten.

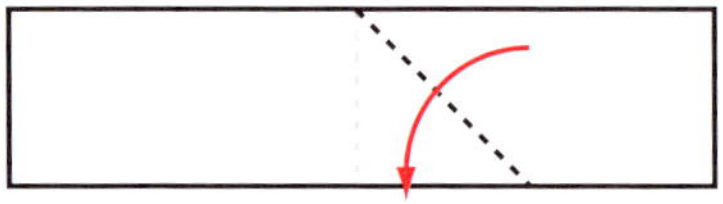

3 Die rechte Seite zur Mittellinie nach unten falten.

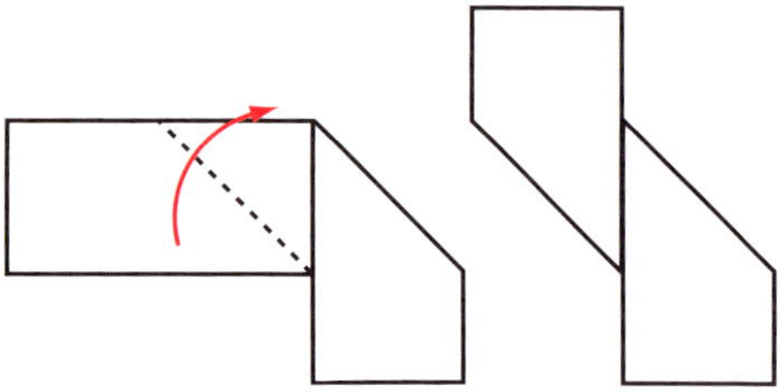

4 Die linke Seite zur Mittellinie nach oben falten.

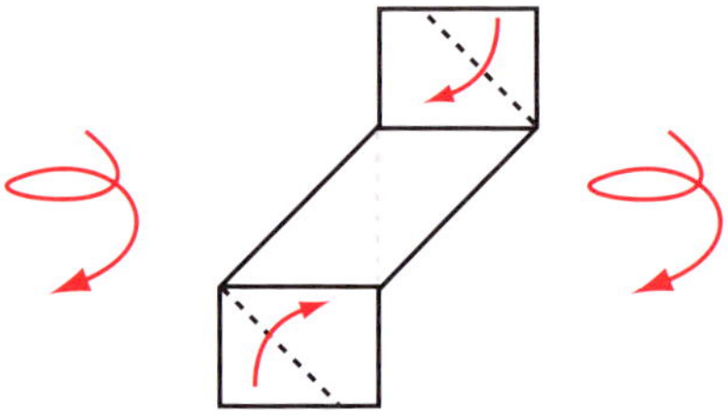

5 Die Figur umdrehen. Die äußeren Ecken oben und unten zu den Papierkanten des Mittelstücks falten. Die Figur wieder umdrehen.

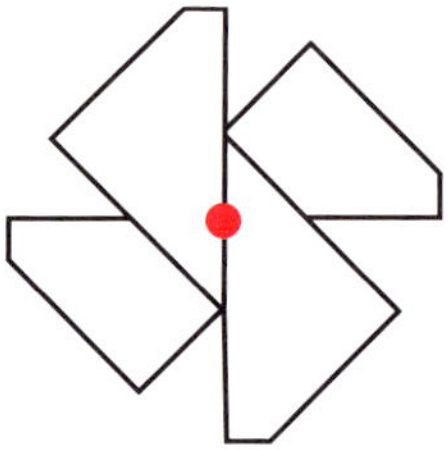

6 Einen zweiten Geldschein genauso falten. Mit einer Reißzwecke beide Scheine als Flügel des Windrads in der Mitte an einem Stab feststecken.

EURO
EURO

Fröhliches Ferkel

Der Schweinchenkopf, aus einem Zehn-Euro-Schein gefaltet, wirkt besonders gut mit einem selbst gebastelten Schweinekörper aus rosafarbenem Karton. Formen Sie eine Röhre und kleben Sie kurze, aus Karton gerollte Stummelbeine und ein Wollschwänzchen daran.

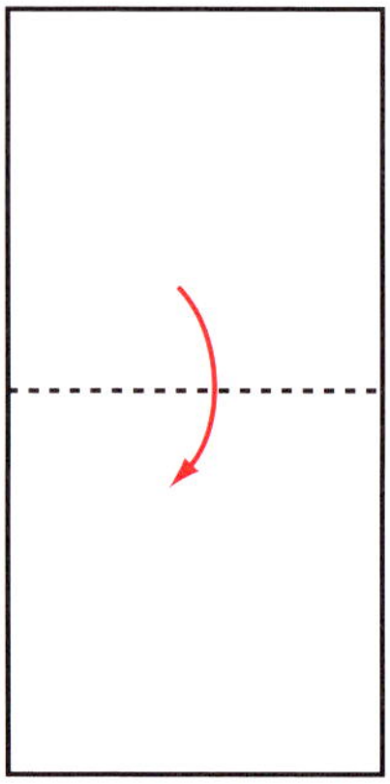

1 Den Geldschein zunächst einmal quer zusammenfalten.

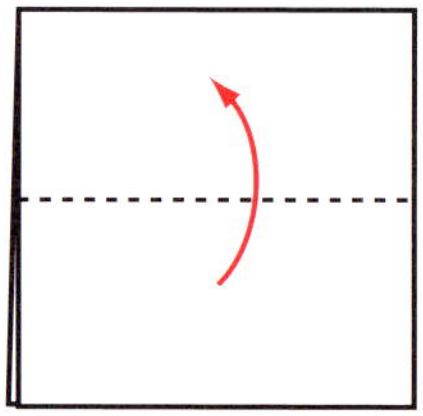

2 Untere Hälfte des Geldscheins nach oben falten.

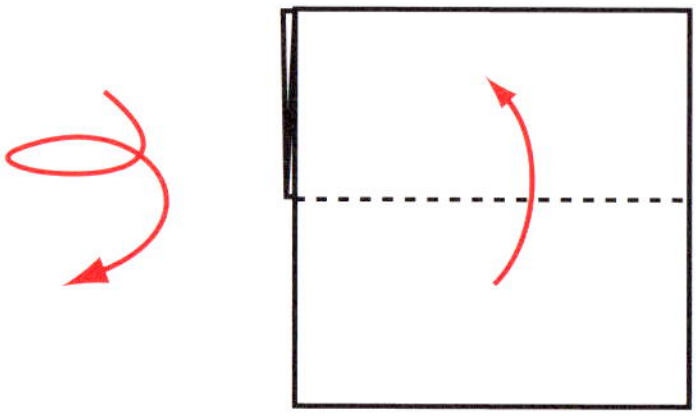

3 Figur umdrehen. Untere Hälfte nach oben falten.

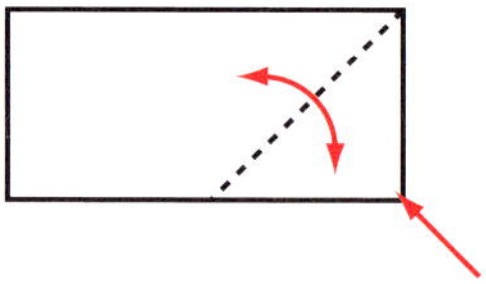

4 Rechte untere Ecke nach oben vorfalten und eine Gegenfalte nach innen bilden.

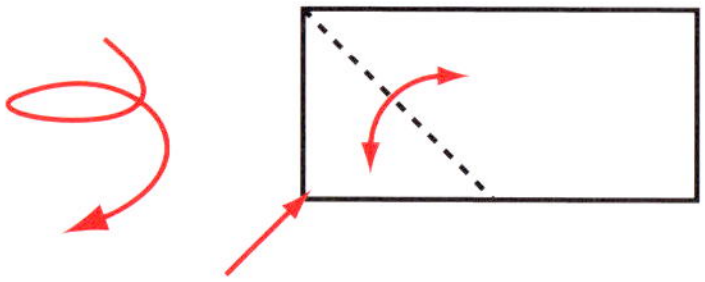

5 Umdrehen, linke untere Ecke nach oben vorfalten und Gegenfalte nach innen bilden.

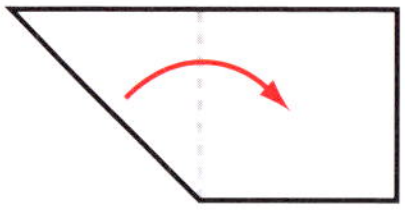

6 Obere linke Ecke nach rechts falten.

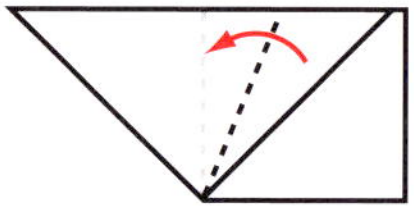

7 Rechte Spitze nach oben falten.

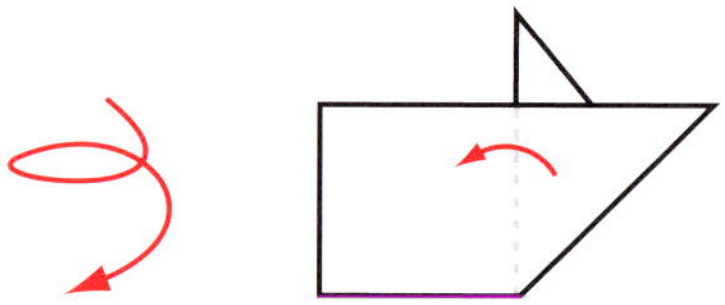

8 Figur umdrehen. Obere rechte Ecke nach links falten.

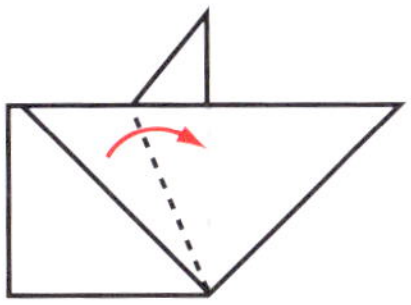

9 Nun müssen Sie die linke Spitze nach oben falten.

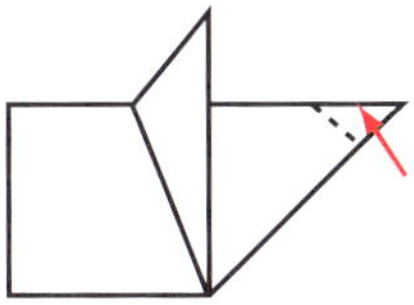

10 Die rechte Spitze für die Schnauze vorfalten und eine Gegenfalte nach innen bilden.

Freundliche Schnecke

Die freundliche Euroschnecke bekommt (als Fühler) zwei Staubgefäße aus dem Bastelladen und ein echtes Schneckenhaus. So wird sie zum witzigen Mitbringsel. Malen Sie den Fühlern mit schwarzem Stift Augen auf.

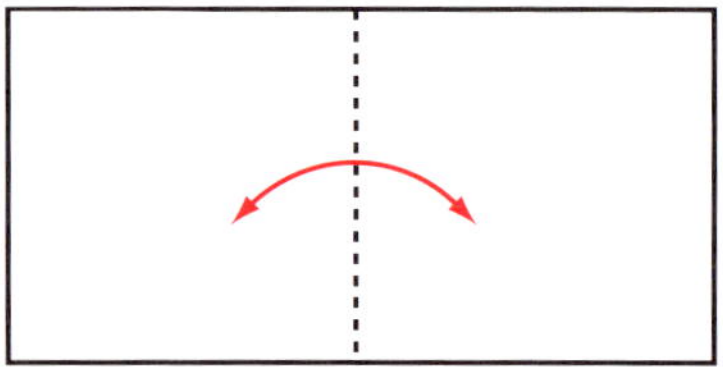

1 Die Mittellinie des Geldscheins quer vorfalten.

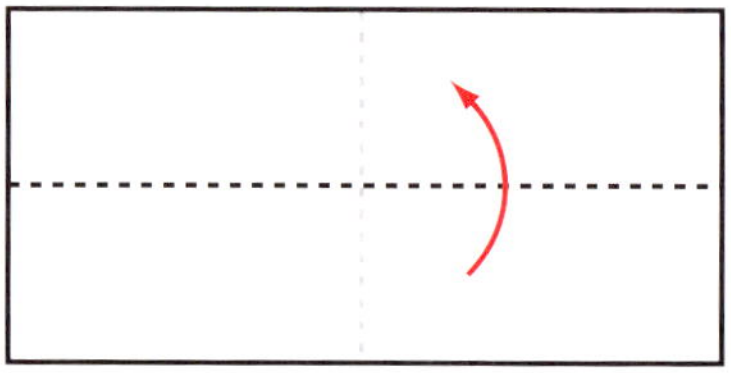

2 Den Schein längs zusammenfalten.

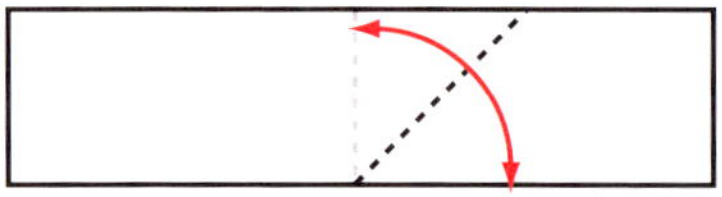

3 Den rechten Flügel zur Mittellinie vorfalten.

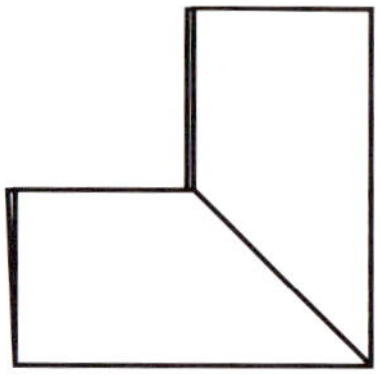

4 Entlang dieser schrägen Linie den rechten Flügel nach oben falten.

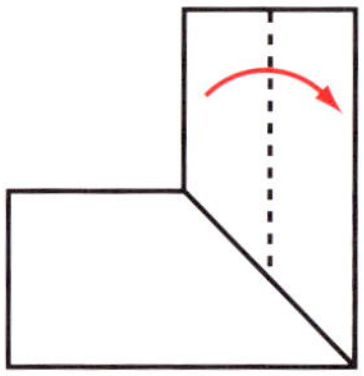

5 Die obere rechte Papierlage halbieren.

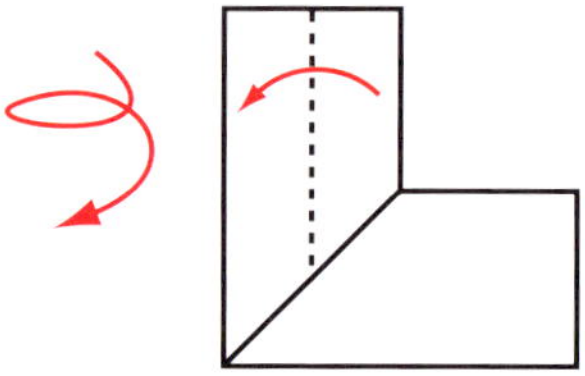

6 Die Figur umdrehen. Schritt 5 auf der Rückseite gegengleich wiederholen.

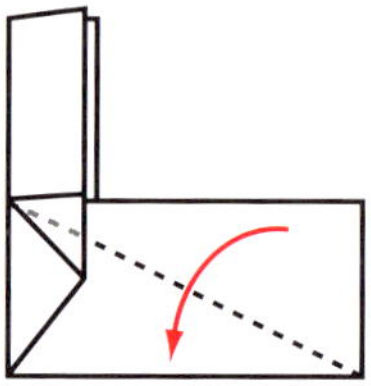

7 Den linken Flügel leicht entfalten. Den rechten Flügel nach oben falten.

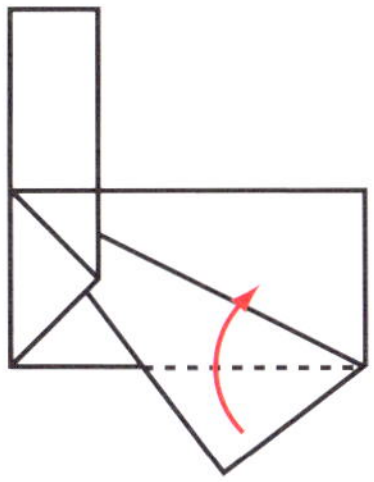

8 Die untere Ecke bis zur Papierkante nach oben falten.

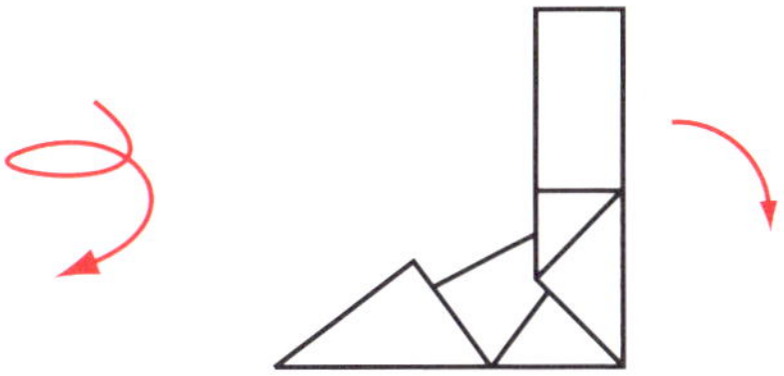

9 Die Figur umdrehen und Schritt 7 und 8 auf der Rückseite gegengleich wiederholen. Die Figur um 90° drehen.

Edle Lilie

Eine Blüte, die nie verwelkt und dazu noch einen echten Wert besitzt: Wer möchte nicht so ein hübsches Geschenk erhalten? Künstliche Blumen dazu bekommen Sie im Bastelladen.

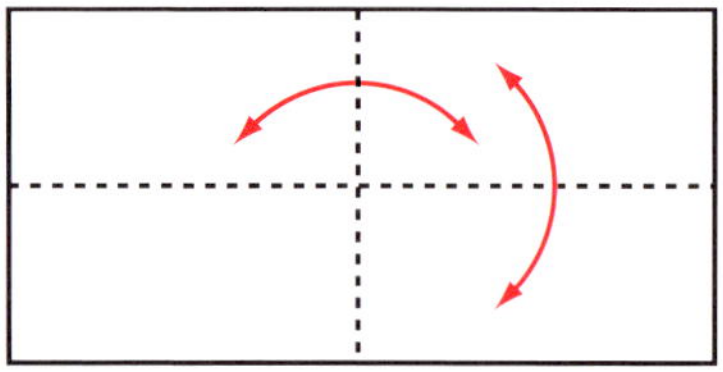

1 Die Mittellinien des Geldscheins vorfalten.

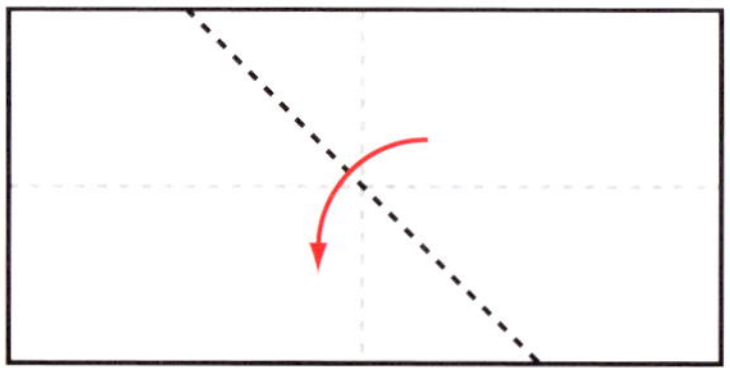

2 Eine Diagonale durch den Schnittpunkt der beiden vorgefalteten Mittellinien falten.

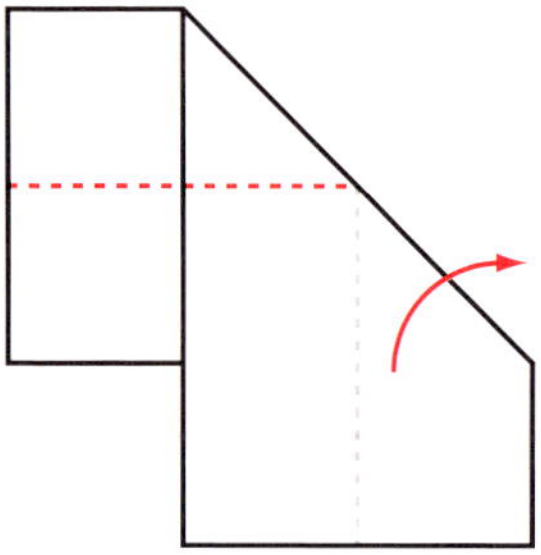

3 Die beiden Mittellinien müssen dabei exakt aufeinander zu liegen kommen. Die Diagonale wieder entfalten.

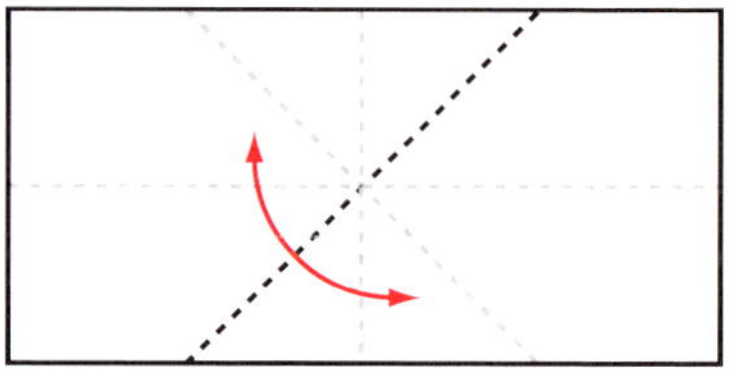

4 Die andere Diagonale ebenso vorfalten.

TIPP Kaufen Sie eine künstliche Lilie im Floristik- oder Bastelhandel. Entfernen Sie eine Blüte vom Stiel, und kleben Sie stattdessen die selbstgefaltete Blüte mit Fotokleber in den Blütenboden. Für besseren Halt umwickeln Sie die Blüte noch mit grünem Floristikband.

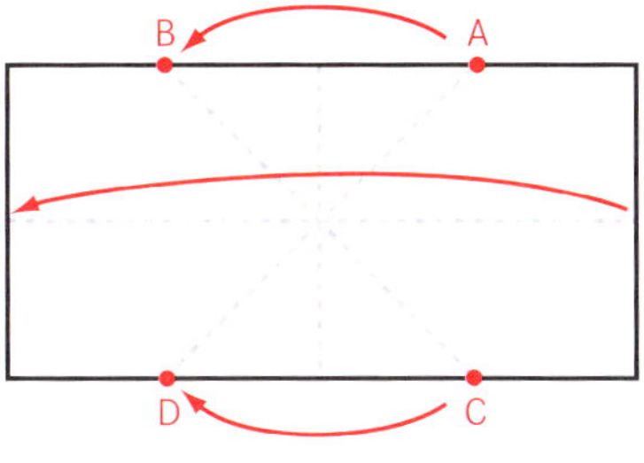

5 Die Punkte A auf B und C auf D falten, sodass rechts eine mehrlagige Dreieckspitze entsteht.

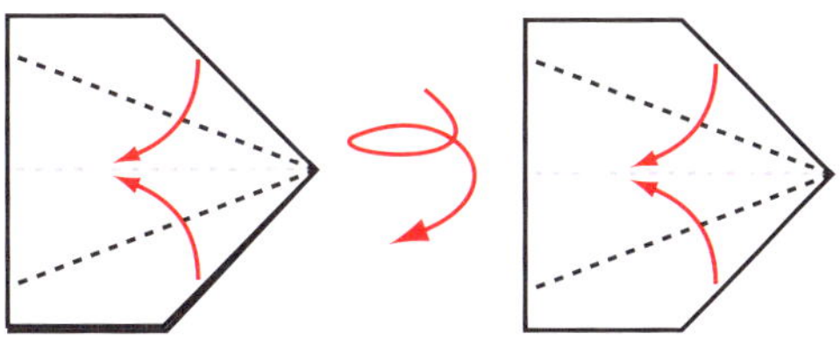

6 Die Ecken zur Mittellinie falten. Die Figur umdrehen und ebenfalls die Ecken zur Mittellinie falten.

Eitler Pfau mit Wert

Sitzt er nicht majestätisch auf seinem Ast? Mit einer Grasmatte, ein paar Blumen und einer Stange schaffen Sie dem Pfau schnell ein ganzes Gehege.

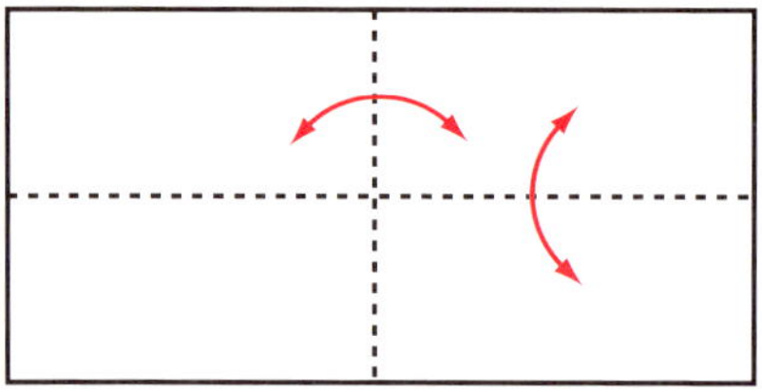

1 Die Mittellinien des Geldscheins vorfalten.

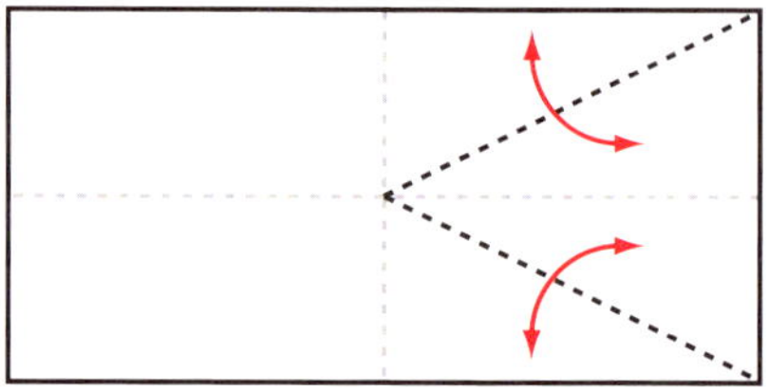

2 Nacheinander die Verbindungslinien vom Mittelpunkt zu den beiden rechten Ecken vorfalten.

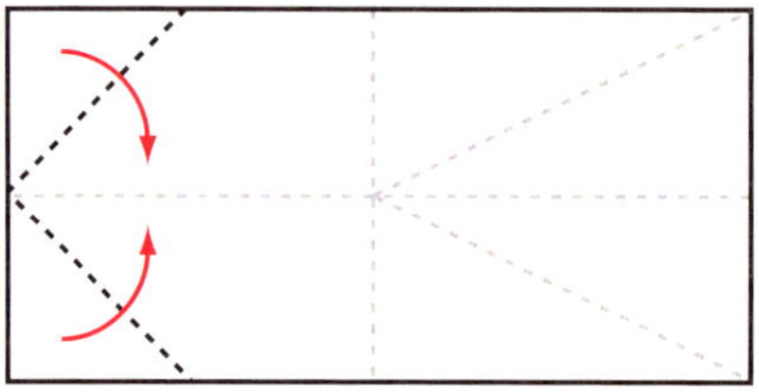

3 Die linken Ecken zur Mittellinie falten.

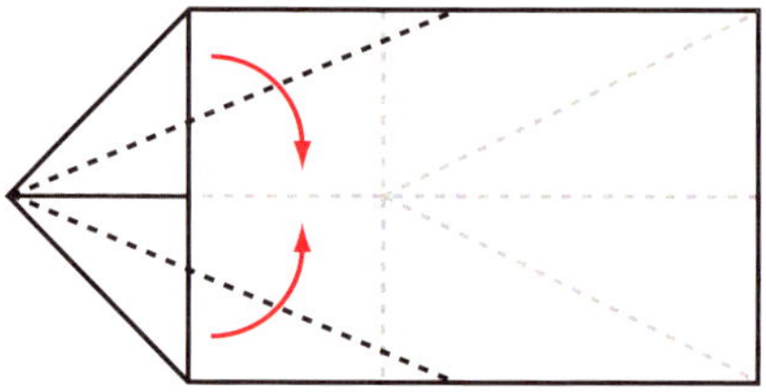

4 Die linken Ecken noch einmal zur Mittellinie falten.

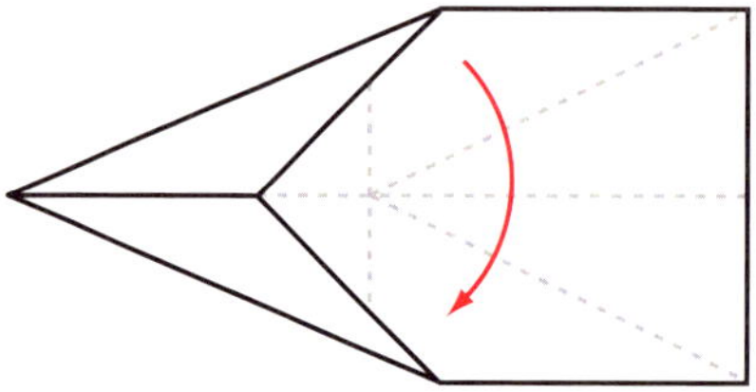

5 Die Figur in der linken Hälfte entlang der Mittellinie zusammenfalten. Die rechte Hälfte dreieckig ausformen.

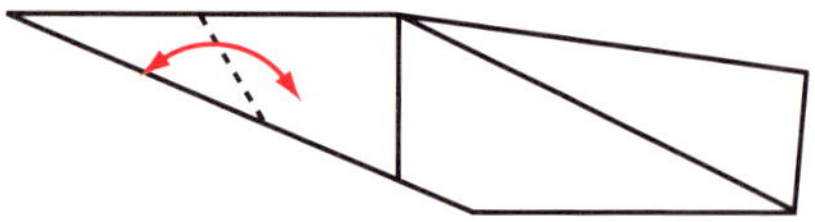

6 Die linke Spitze wie gezeigt für den Hals vorfalten und eine Gegenfalte nach außen bilden.

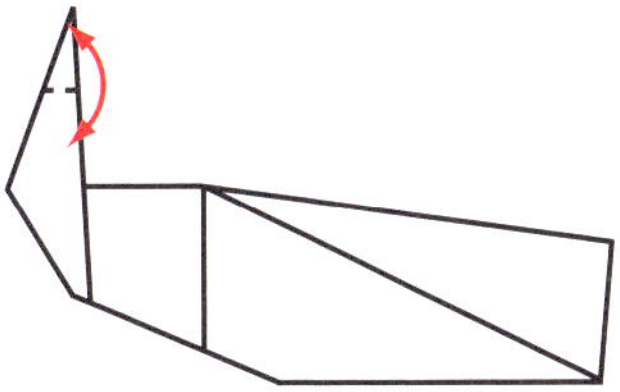

7 Die Spitze noch einmal vorfalten für den Kopf und wieder eine Gegenfalte nach außen bilden.

Herzliche Grüße

Diese geometrische Figur kommt nicht aus der Origami-Tradition, ist aber ein beliebtes Papierspiel und macht sich auch sehr gut als Pop-up-Karte. Sie brauchen dafür nur zwei Fünf-Euro-Scheine, Klebeband und etwas Geschicklichkeit.

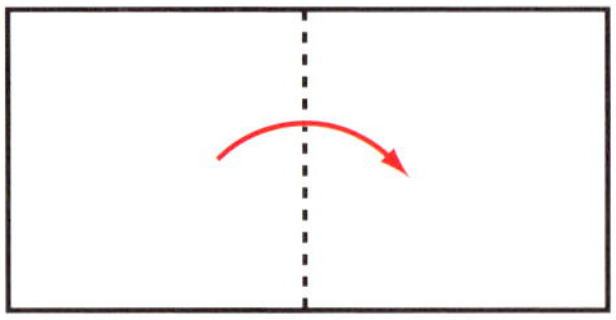

1 Den Geldschein quer zusammenfalten.

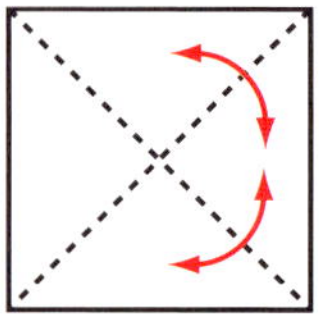

2 Die Diagonalen (durch beide Papierlagen) vorfalten.

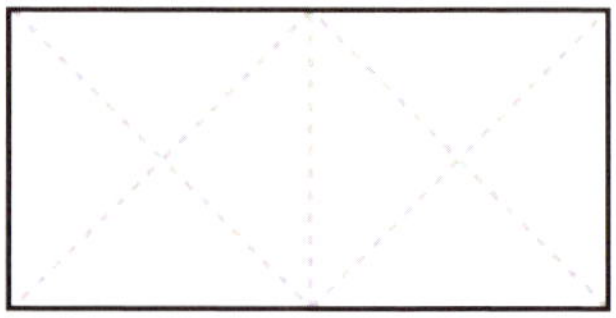

3 Den Schein wieder entfalten und alle Faltlinien ein paar Mal hin- und herbiegen.

← Abbildung

4 Einen zweiten Schein ebenso vorfalten und an die Querseite des ersten Scheins kleben.

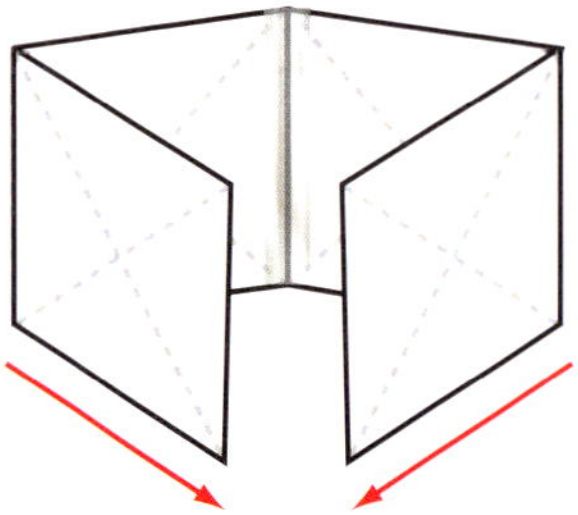

5 Den Streifen zum Ring schließen und die anderen beiden Querseiten ebenfalls zusammenkleben. Die Klebestreifen ein paar Mal hin- und herbiegen, damit sie in beide Richtungen funktionieren.

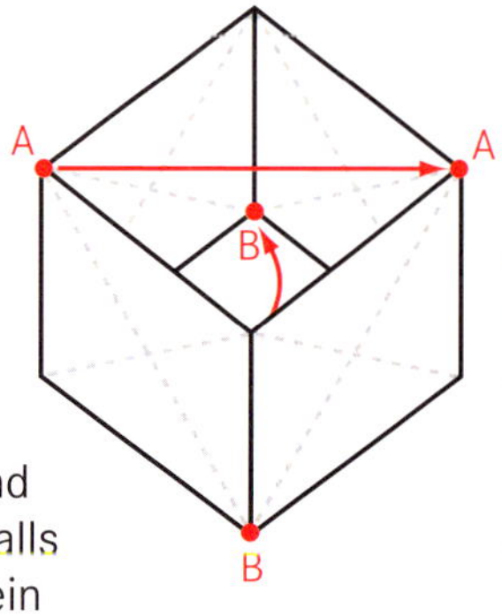

← Abbildung

6 Die beiden gegenüberliegenden Ecken A zusammenfalten. Die unteren Ecken B kommen dabei ebenfalls zueinander. Die Figur klappt entlang der Diagonalen ein, und es entsteht ein flaches Quadrat.

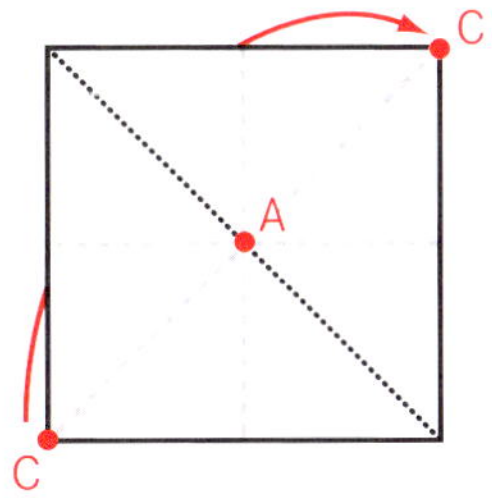

← Abbildung

7 Die Punkte C nach hinten zusammenfalten. Es entsteht ein Dreieck.

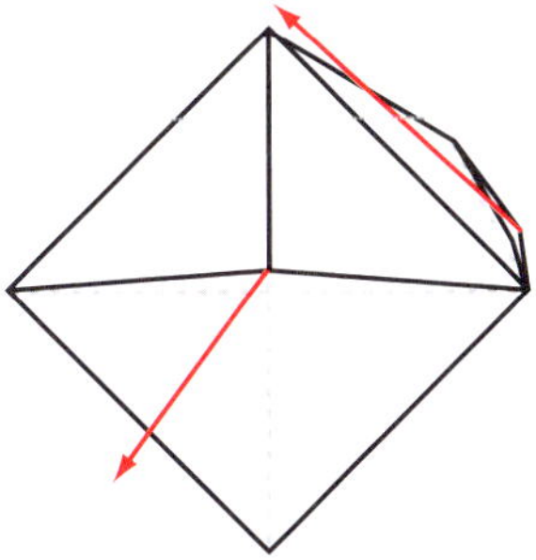

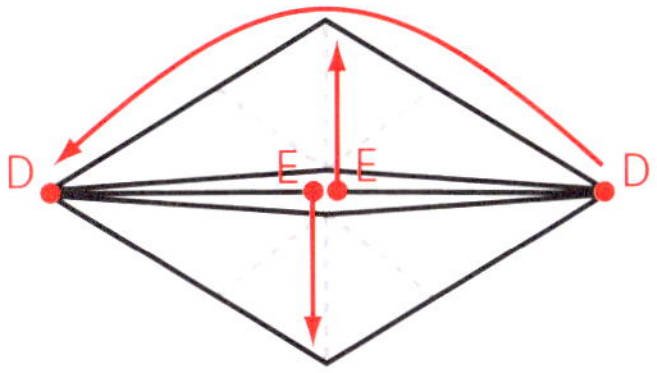

← Abbildung

8 Das Dreieck an der Grundlinie leicht entfalten. Die inneren Ecken E in entgegengesetzte Richtungen auseinanderfalten. Es entsteht wieder ein Quadrat.

9 Die Lasche auf der Vorderseite des Quadrats nach unten, die Lasche auf der Rückseite nach oben ziehen und die Figur ausformen. Als Grundform ergibt sich wieder ein Quadrat.

Herzring

Ein wunderbares Geschenk für ein Brautpaar, denn gerade zur Vermählung sind Geldgeschenke ja besonders beliebt. Da darf es dann auch mal ein 100-Euro-Schein sein, aber die Faltung klappt genauso mit kleineren Scheinen.

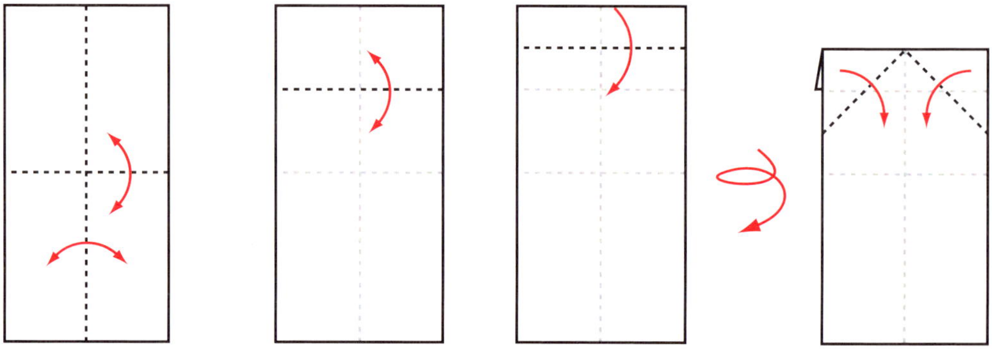

1 Die Mittellinien des Geldscheins längs und quer vorfalten.

2 Die obere Hälfte zur Mitte vorfalten.

3 Die obere Kante zur vorgefalteten Linie falten.

4 Die Figur umdrehen. Die oberen Ecken zur Mittellinie falten.

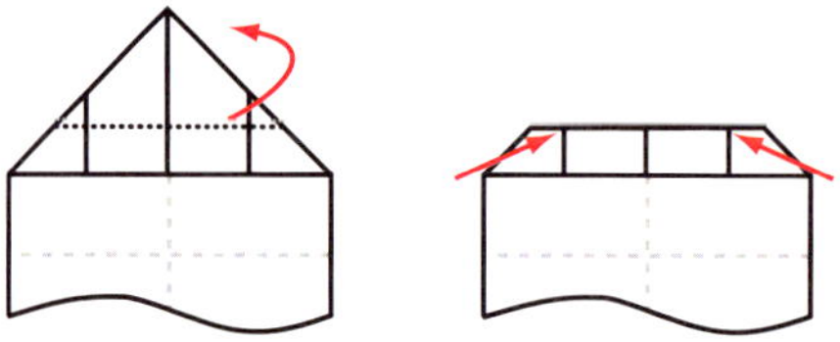

← Abbildung

6 Den Daumen unter die Lasche in der Mitte schieben und eine Spreizfalte nach oben bilden (nacheinander auf beiden Seiten).

5 Die Spitze etwa zu zwei Dritteln nach hinten falten.

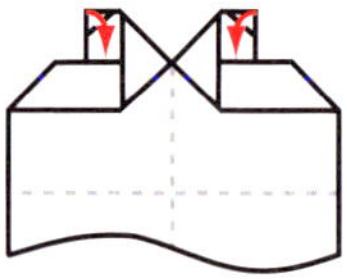

← Abbildung

7 Die äußeren kleinen Ecken nach innen klappen.

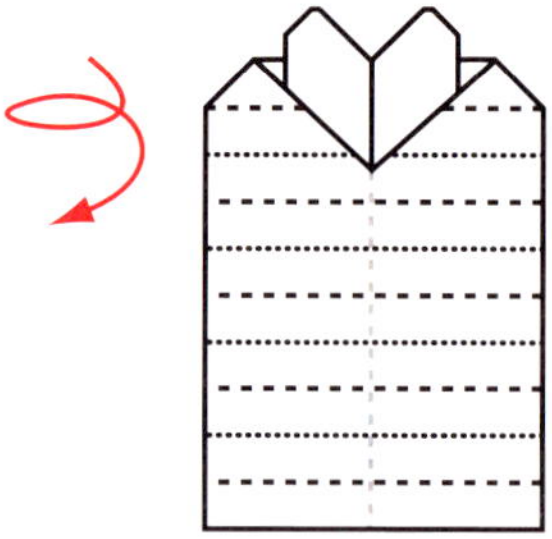

← Abbildung

8 Die Figur umdrehen. Den unteren Teil des Geldscheins in Zickzackfalten legen (= Ziehharmonikafaltung). Am besten beginnt man dazu direkt hinter dem Herz.

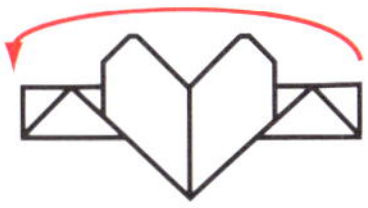

9 Die Figur hinter dem Herz zum Ring schließen.

Lustiges Kuhgesicht

Mit einem Paar aufgeklebten Wackelaugen und einem aufgemalten Maul sieht das Kuhgesicht gleich richtig lebendig aus. Wer möchte, gibt ihm noch zusätzlich eine wilde Stirnmähne aus Wolle.

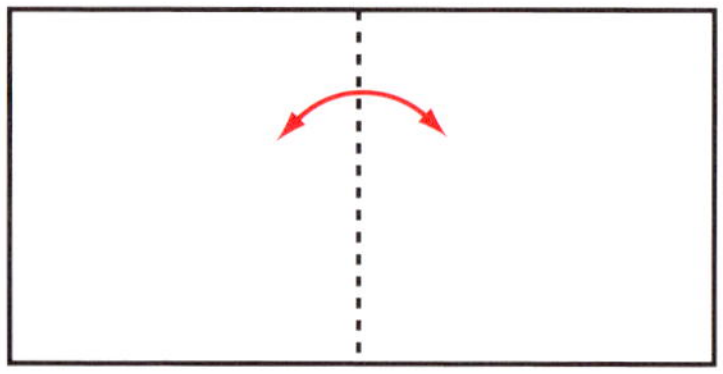

1 Die Mittellinie des Geldscheins quer vorfalten.

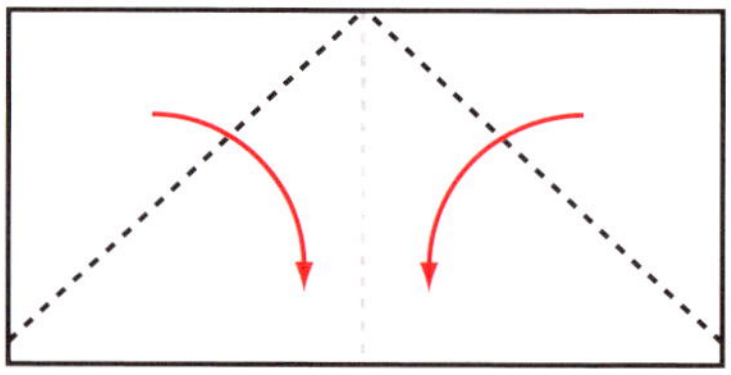

2 Die Ecken zur Mitte falten.

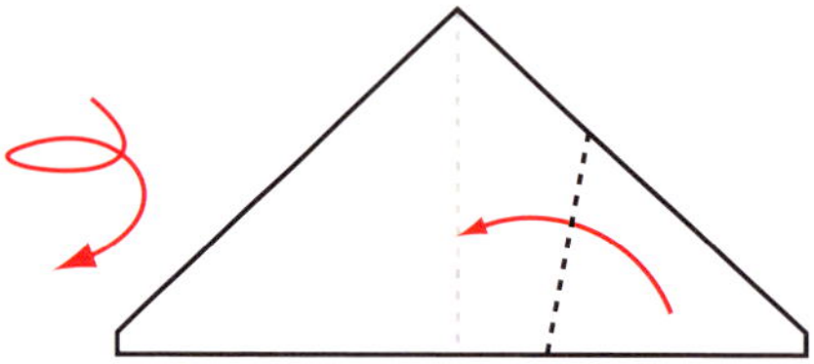

3 Die Figur umdrehen. Die rechte Ecke in einer leicht schrägen Linie bis über die Mitte falten.

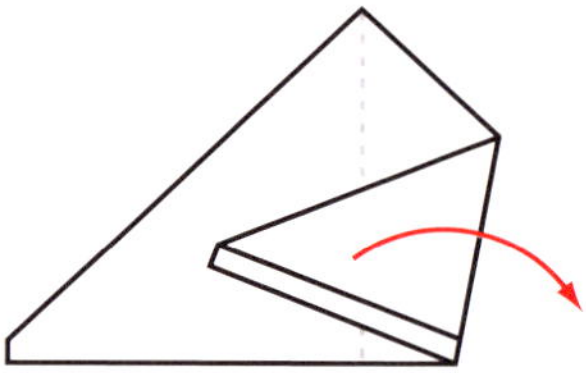

4 Die Ecke wieder auffalten.

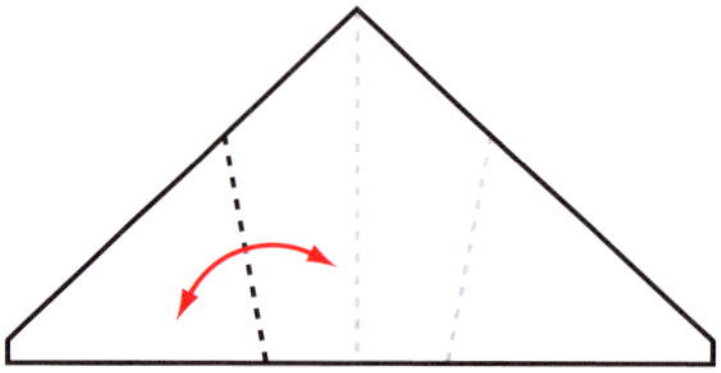

5 Mit der linken Ecke Schritt 3 und 4 gegengleich wiederholen, die schräge Faltlinie symmetrisch zur rechten Faltlinie.

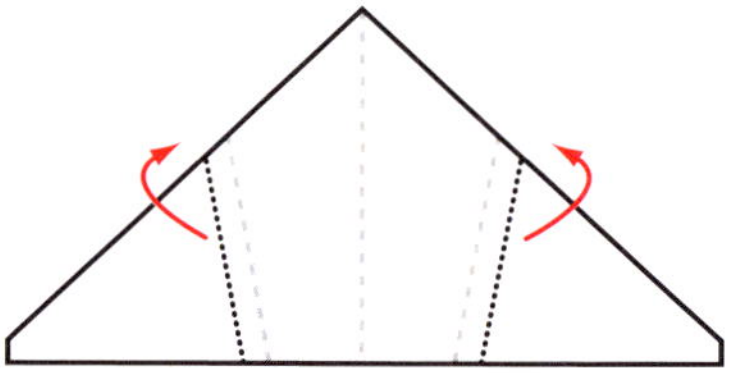

6 Etwas außerhalb der schrägen Faltlinien (im Abstand von etwa 5 Millimetern) die beiden Ecken nach hinten vorfalten.

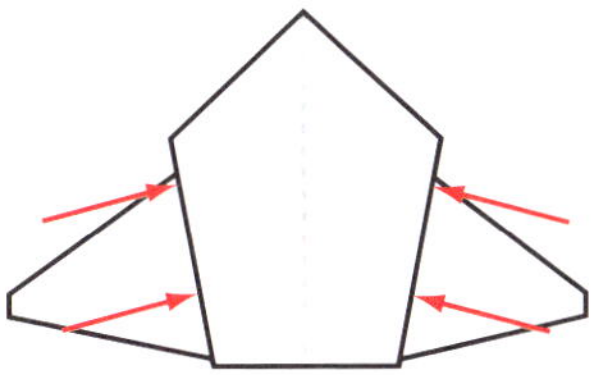

7 Das Dreieck unten leicht entfalten und entlang der vorgefalteten Linien die Ecken einschieben.

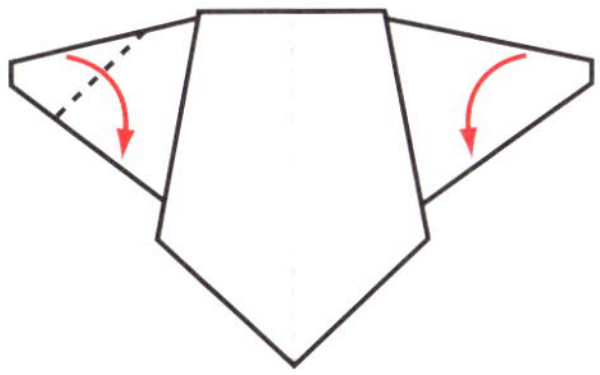

8 Die Figur um 180° drehen. Die Ohren nach vorne falten.

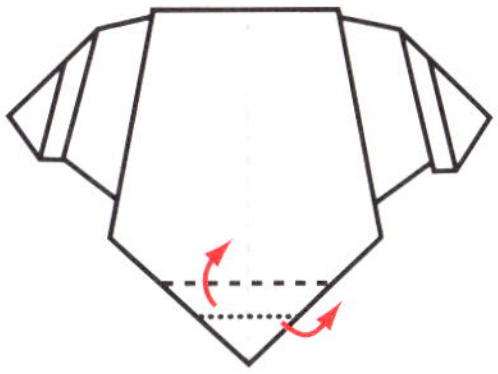

9 Das Maul einmal nach vorne und etwa 3 Millimeter darunter wieder nach hinten falten.

Gänseküken

Diese glückliche Gänsefamilie begeistert als Geschenkanhänger oder im Kuvert als fröhlicher Ostergruß. Aber auch das Küken allein macht schon einiges her …

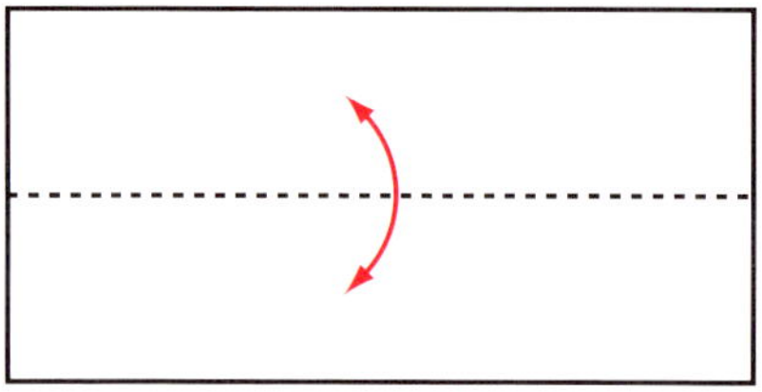

1 Die Mittellinie des Geldscheins längs vorfalten.

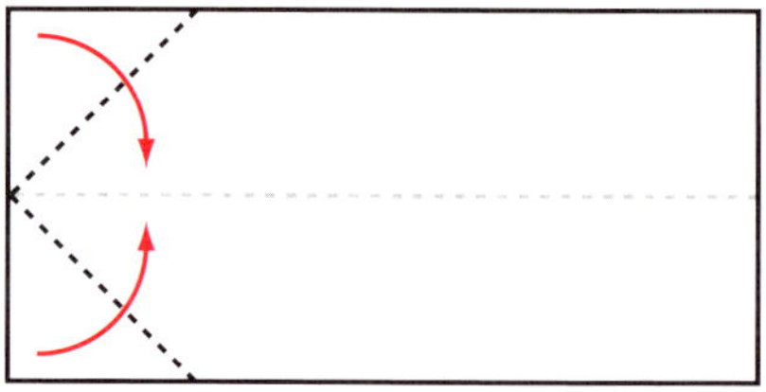

2 Die linken Ecken zur Mittellinie falten.

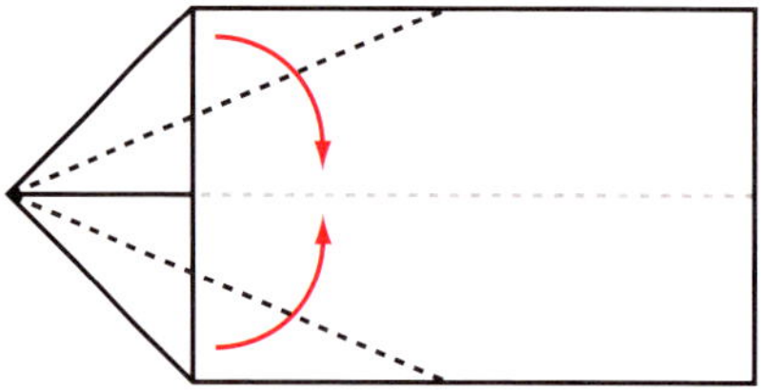

3 Die Ecken noch einmal zur Mittellinie falten.

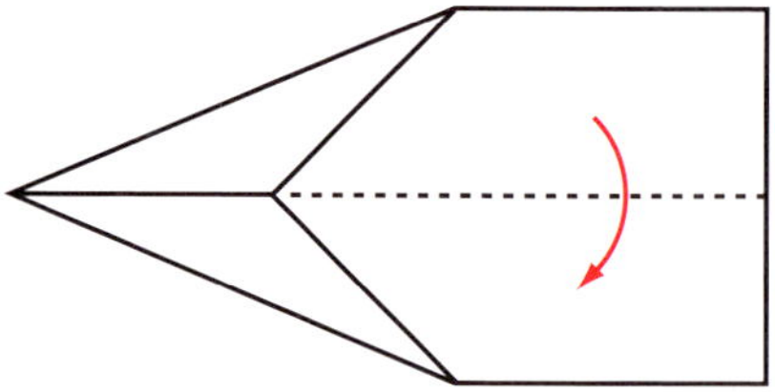

4 Die Figur entlang der Mittellinie zusammenfalten.

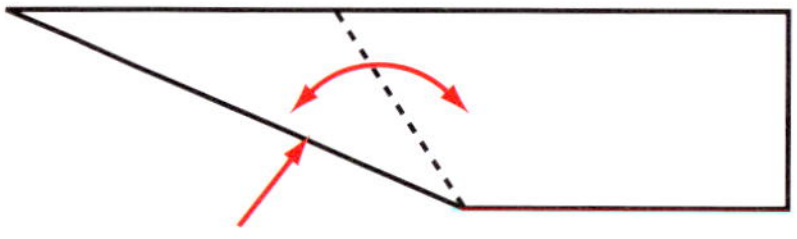

5 Schräge Linie für den Hals vorfalten und eine Gegenfalte nach außen bilden.

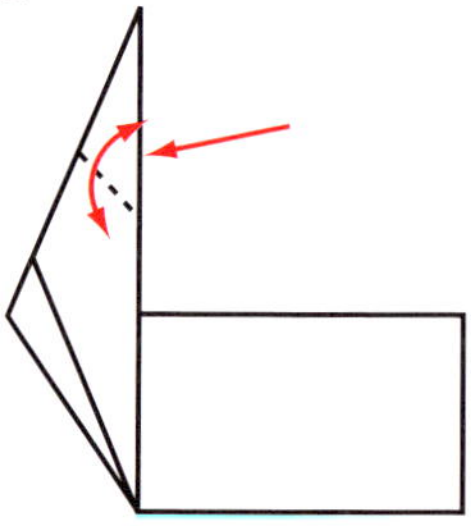

6 Schräge Linie für den Kopf vorfalten und eine Gegenfalte nach außen bilden.

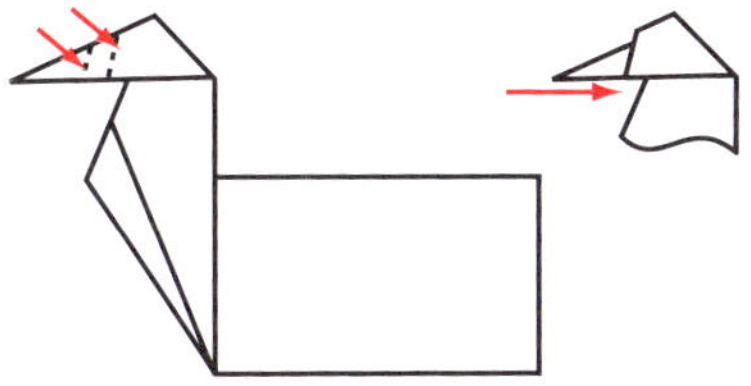

7 Für den Schnabel zwei parallele Linien vorfalten. Den Schnabel nach innen zwischen die Papierlagen schieben.

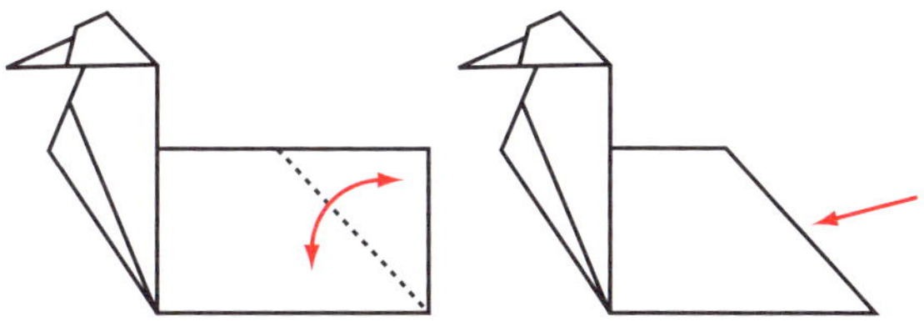

8 Die rechte Ecke des Geldscheins vorfalten. Eine Gegenfalte nach innen bilden.

Blätter am Zweig

Diese klassische Origamifaltung sieht mit jedem Geldschein sehr ansprechend aus. Sie können die Blätter mit Seidenblumen oder auch mit selbst gefalteten Papierblüten zu großen Arrangements kombinieren.

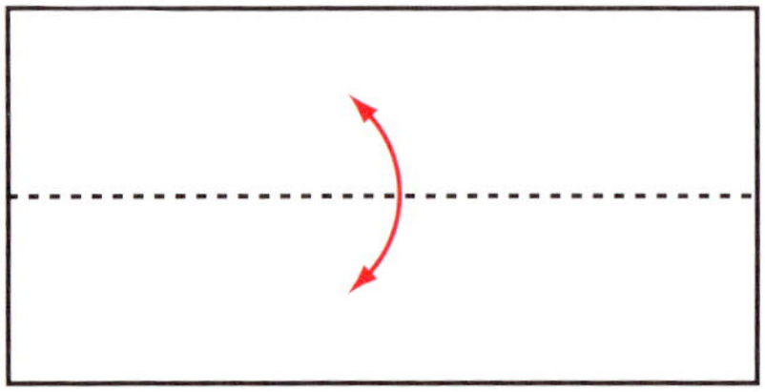

1 Die Mittellinie längs vorfalten.

2 Die vier Ecken zur Mittellinie falten.

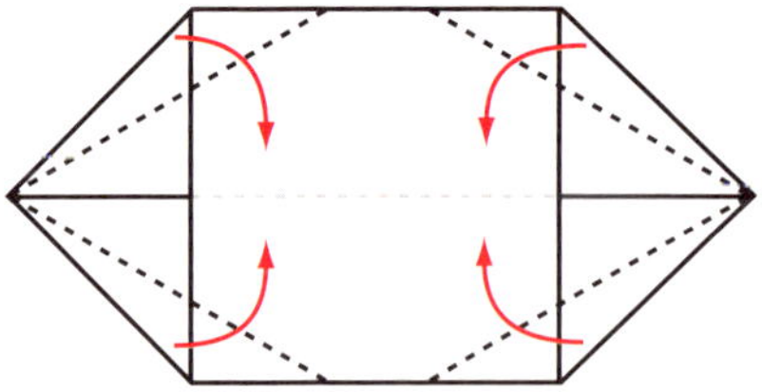

3 Die vier Ecken noch einmal nach innen falten. Die Ecken werden dabei ungefähr halbiert.

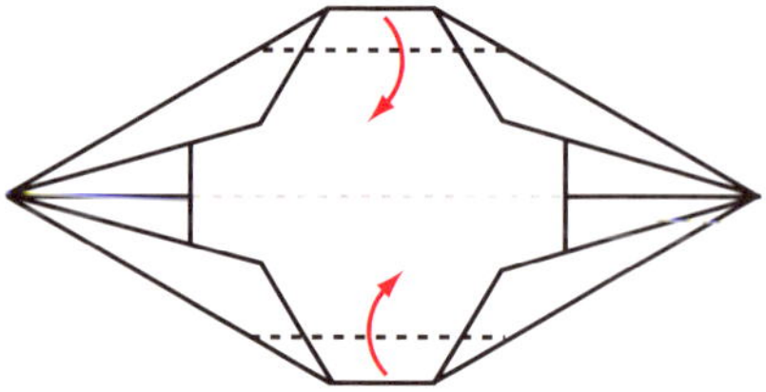

4 Die obere und untere Kante des Geldscheins etwas 1 Zentimeter breit nach innen falten.

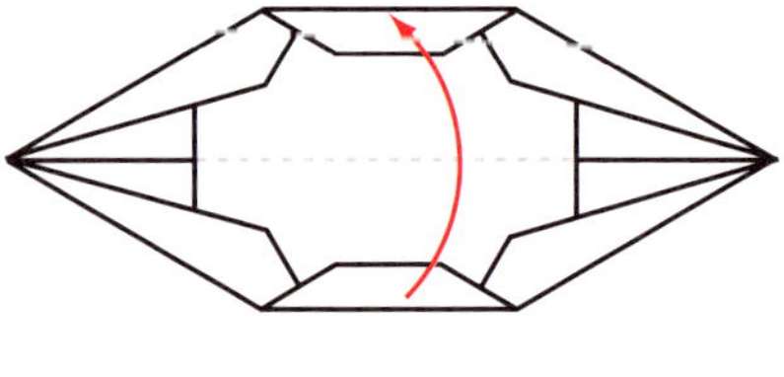

5 Den Schein entlang der Mittellinie zusammenfalten.

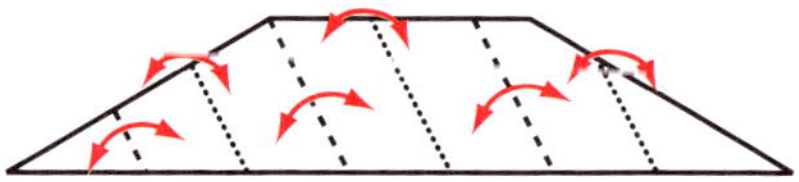

6 Die Figur in schräge, parallele Zickzackfalten legen (= Ziehharmonikafaltung). Dazu am besten in der Mitte beginnen. Die Falten fest einfalzen.

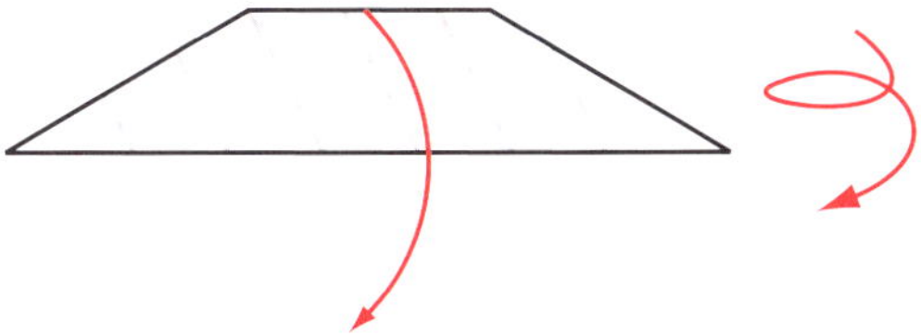

7 Zum Abschluss müssen Sie nun die Figur wieder aufklappen und umdrehen. Beliebig oft wiederholen und die Blätter auf einem passenden echten Zweig arrangieren.

Gefalteter Falter

Mit einigen seiner Artgenossen tummelt sich dieser gefaltete Falter am liebsten auf einer grünen Wiese – egal, ob wie hier aus Kunststoff oder z.B. auch selbst gezogen aus Kresse- oder Grassamen.

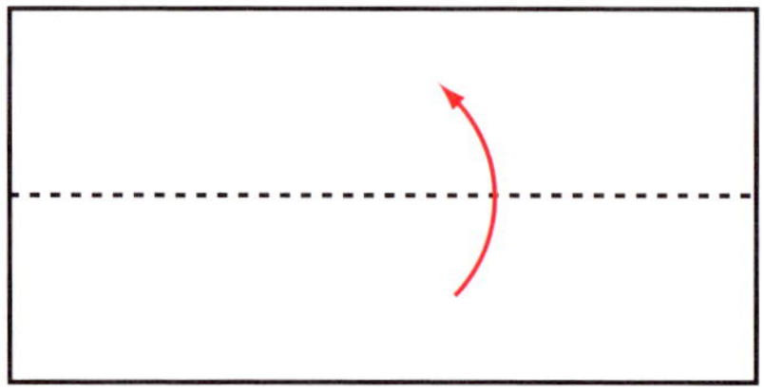

1 Den Geldschein längs zusammenfalten.

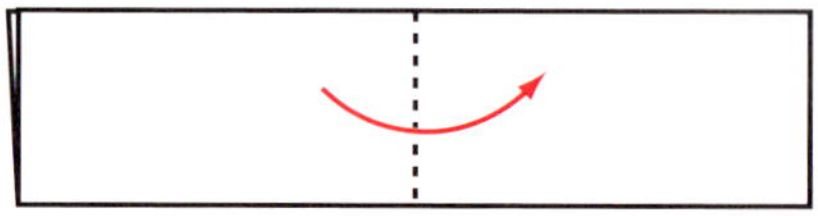

2 Die linke Seite nach rechts falten.

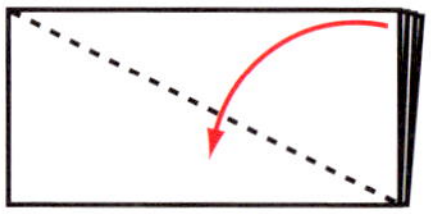

3 Die rechte obere Ecke (nur die obere Lage) nach unten falten. Die Faltlinie verläuft entlang der Diagonalen zwischen den beiden gegenüberliegenden Ecken.

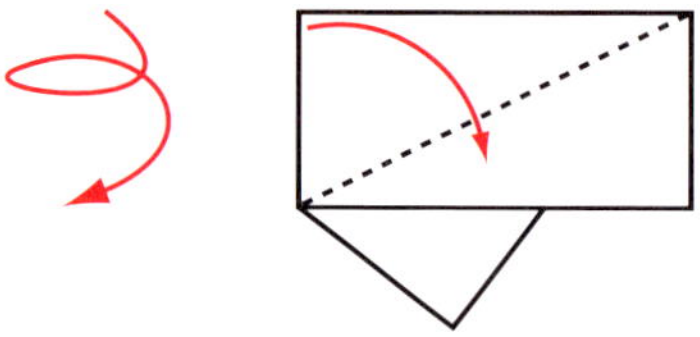

4 Die Figur umdrehen und Schritt 3 gegengleich wiederholen. Die beiden Ecken kommen genau aufeinander zu liegen. Die Faltung von Schritt 2 wieder entfalten.

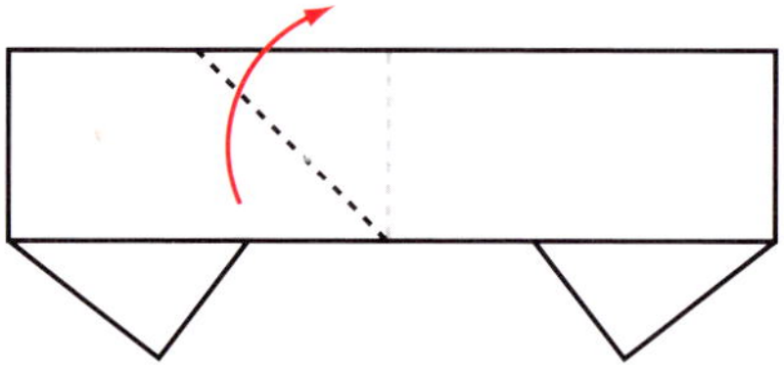

5 Die linke Seite nach oben zur Mittellinie falten.

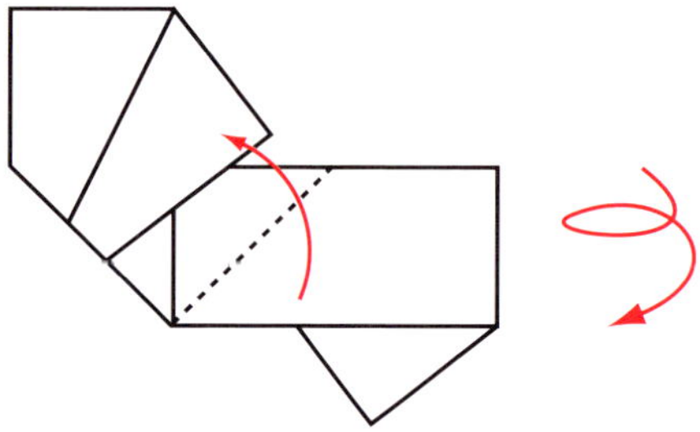

6 Die rechte Seite darüber ebenfalls zur Mittellinie falten. Die Figur umdrehen.

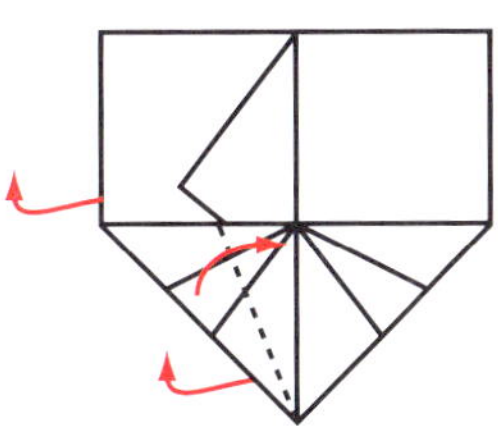

7 Die untere linke Ecke zur Mittellinie falten. Der ganze linke Flügel klappt dabei zur Seite aus.

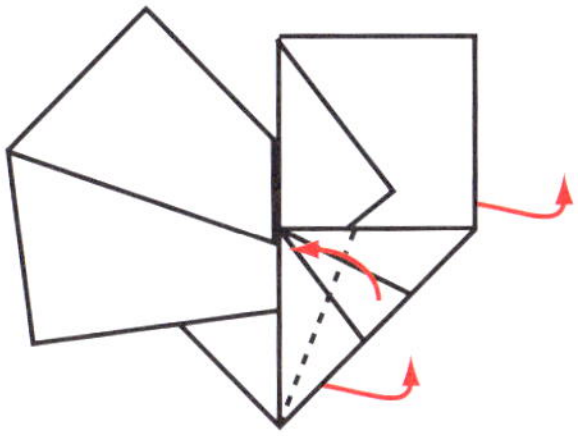

8 Die Faltung von Schritt 8 auf der rechten Seite wiederholen.

Schwalbe

Die Geldvögelchen flattern an einer bunten Filzgirlande zu dem Beschenkten ins Zimmer. Sie können mit dem Hefter oder mit Nadel und Faden befestigt werden.

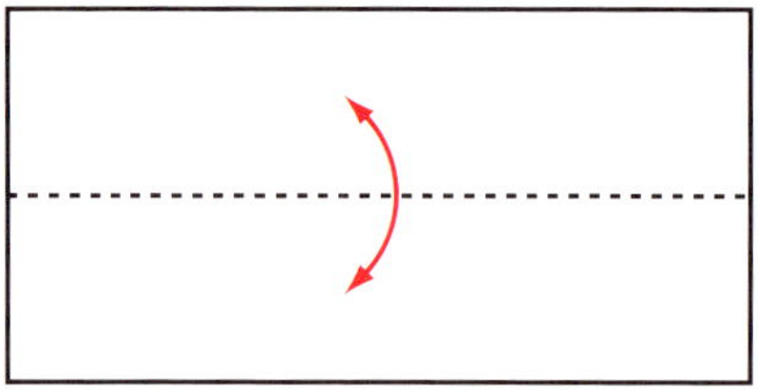

1 Die Mittellinie des Geldscheins längs vorfalten.

2 Die beiden rechten Ecken zur Mittellinie falten.

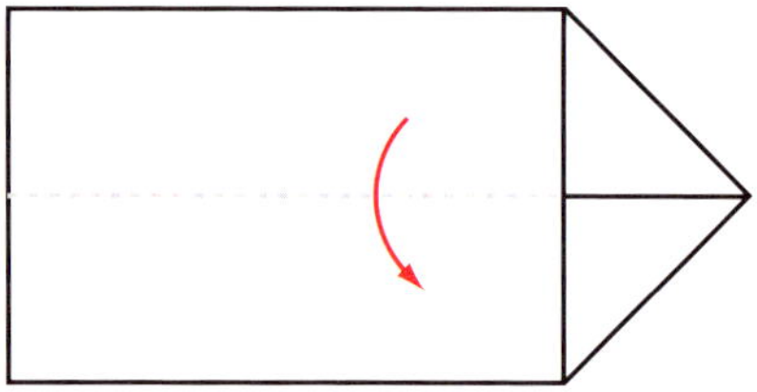

3 Die Figur entlang der Mittellinie zusammenfalten.

4 Für den Kopf eine schräge Linie wie gezeigt vorfalten.

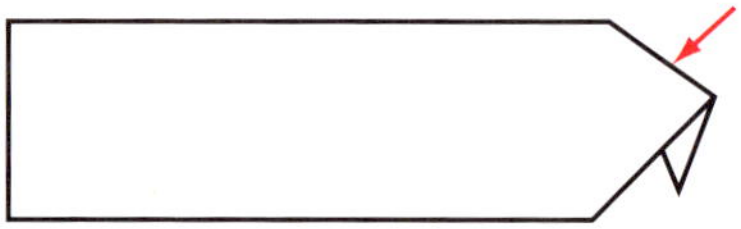

5 Eine Gegenfalte nach innen bilden.

6 Den hinteren Flügel bis zur Oberkante nach oben falten.

7 Die Figur umdrehen. Schritt 6 auf der Rückseite wiederholen. Beide Ecken sollen genau aufeinanderliegen.

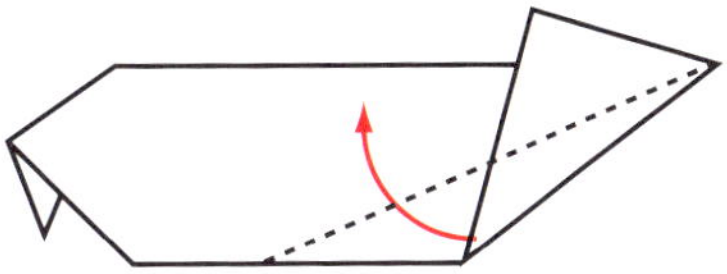

8 Jetzt müssen Sie die untere Ecke nach oben falten.

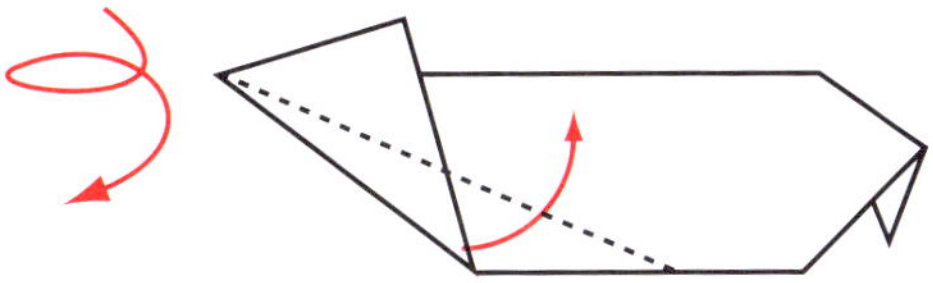

9 Die Figur umdrehen und Schritt 8 auf der Rückseite wiederholen.

Edler Serviettenring

Zwei Zehn-Euro-Scheine – selbstverständlich können es auch zwei andere Geldscheine sein – werden zu einem Ring zusammengesteckt und ergeben eine schöne Tischdekoration für das Geburtstagskind oder den sonstigen Jubilar.

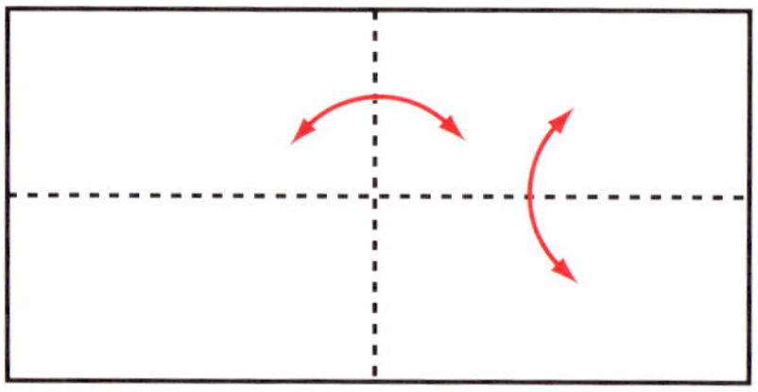

1 Die Mittellinien des Geldscheins längs und quer vorfalten.

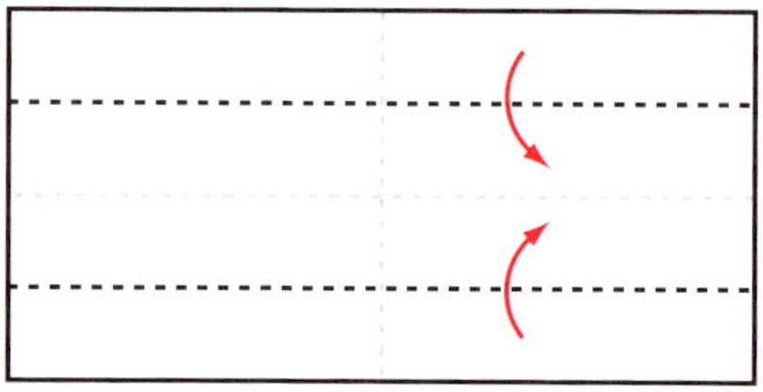

2 Die Längsseiten des Scheins zur Mittellinie falten.

3 Die Querseiten des Scheins zur Mitte falten.

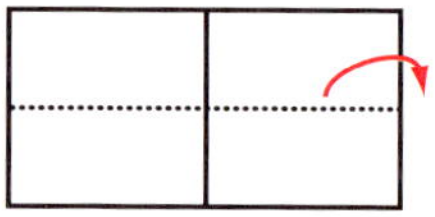

4 Die obere Hälfte nach hinten falten.

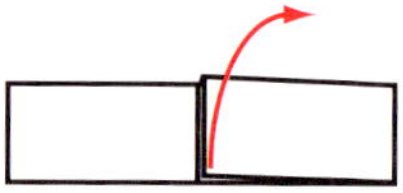

5 Links festhalten. Die rechte Seite im rechten Winkel nach oben falten. In der Ecke entsteht eine diagonale Spreizfalte.

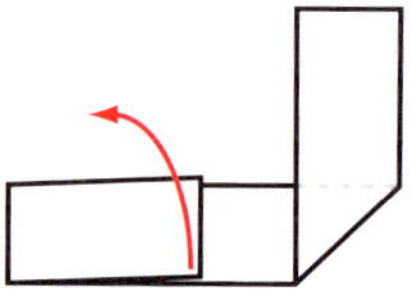

6 Jetzt müssen Sie nur noch den Schritt 5 auf der linken Seite gegengleich wiederholen.

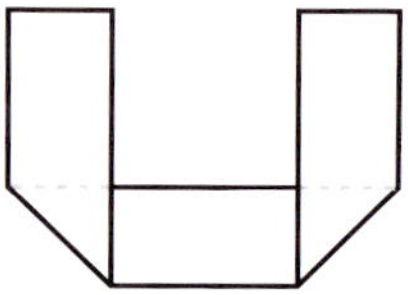

7 Als nächstes müssen Sie einen zweiten Schein auf dieselbe Weise falten.

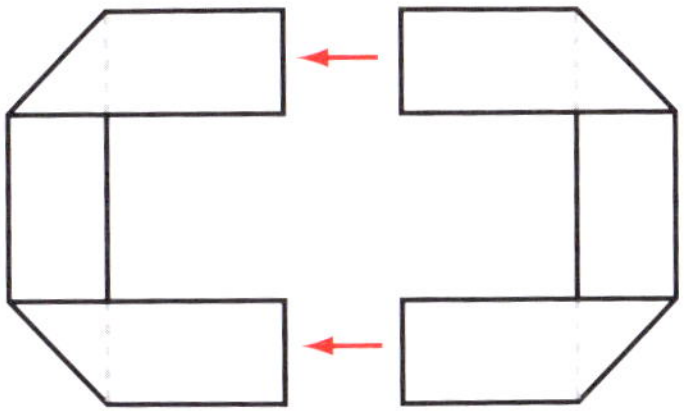

8 Die beiden Scheine wie gezeigt gegenüberlegen. Oben und unten ineinanderschieben. Dafür die Papierlagen auf einer Seite etwas öffnen und die andere Seite dazwischenschieben.

Hemd und Hose

Auf dieser und der nächsten Doppelseite finden Sie zwei Geschenke für einen Täufling, hier für einen Jungen, auf Seite 54/55 für ein Mädchen. Sie falten Hemd und Hose getrennt und kleben sie zum Schluss mit Fotokleber aneinander.

Hemd

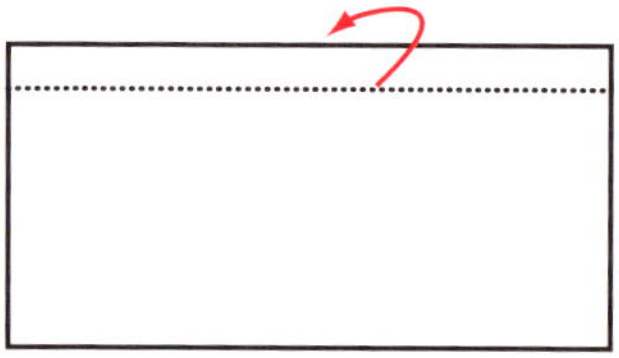

1 Die Längskante des Geldscheins etwa 1 Zentimeter breit nach hinten falten.

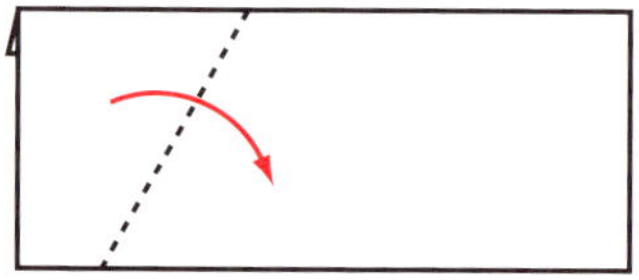

2 Die linke Seite wie gezeigt nach rechts falten.

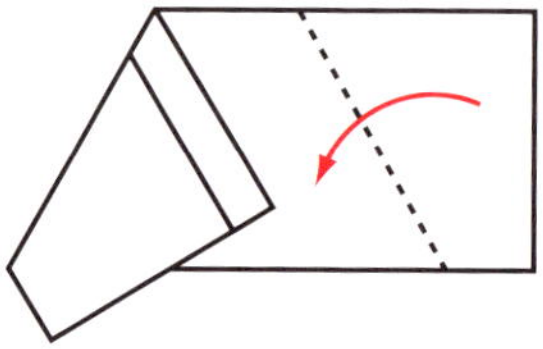

3 Die rechte Seite darüber nach links falten. Die Faltlinien verlaufen symmetrisch.

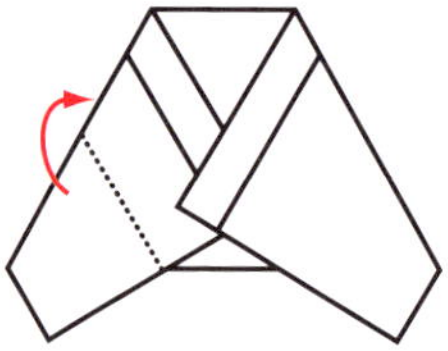

4 Die linke Ecke nach hinten falten.

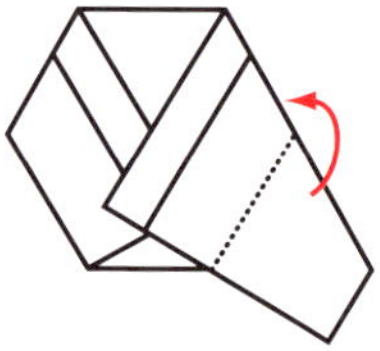

5 Die rechte Ecke ebenso weit nach hinten falten, ebenfalls symmetrisch.

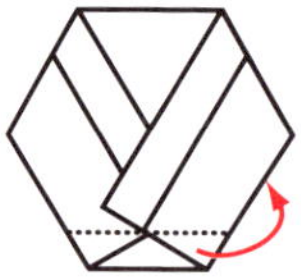

6 Die untere Kante nach hinten falten.

Hose

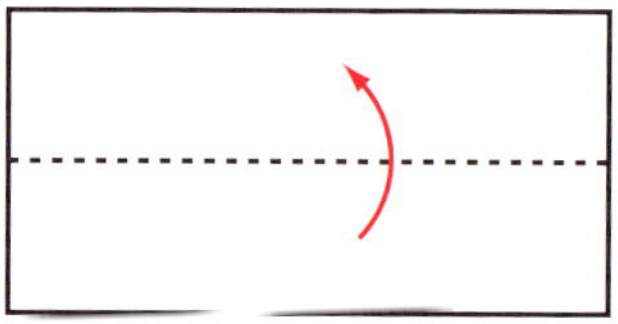

1 Den Geldschein längs zur Hälfte falten.

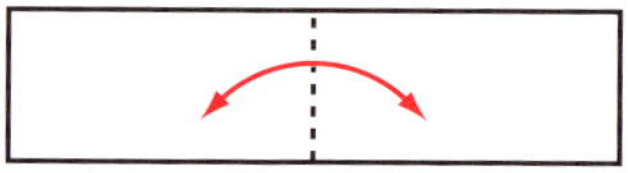

2 Jetzt müssen Sie die Mittellinie quer vorfalten und wieder auseinanderfalten.

3 Die beiden Seiten nach unten falten, im rechten Winkel, aber mit etwas Abstand zur Mittellinie.

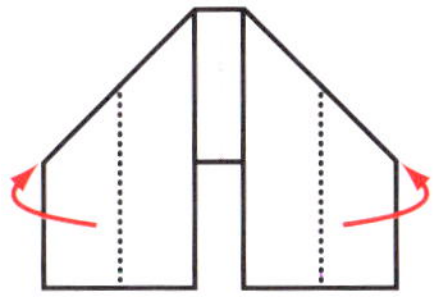

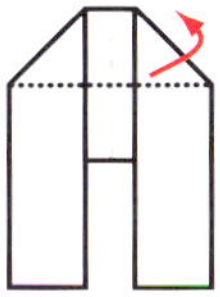

4 Die Hälfte der unteren beiden Hosenbeine nach hinten falten.

5 Die obere Kante nach hinten falten; damit ist die Hose fertig.

Kleid

Damit Junge und Mädchen von Anfang an gleichberechtigt behandelt werden, wird das Kleid aus einem 100-Euro-Schein gefaltet, Hemd und Hose (auf Seite 52/53) bestehen aus je einem 50-Euro-Schein.

1 Die Querkante des Geldscheins etwa 1 Zentimeter breit nach unten falten.

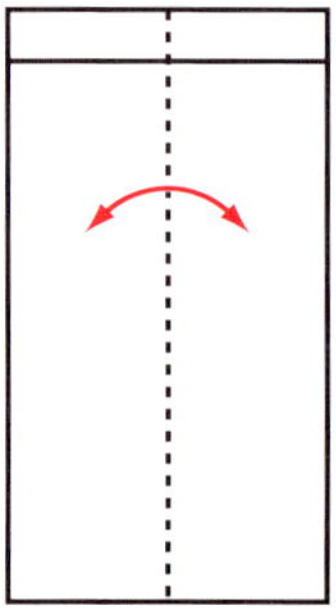

2 Die Mittellinie längs vorfalten.

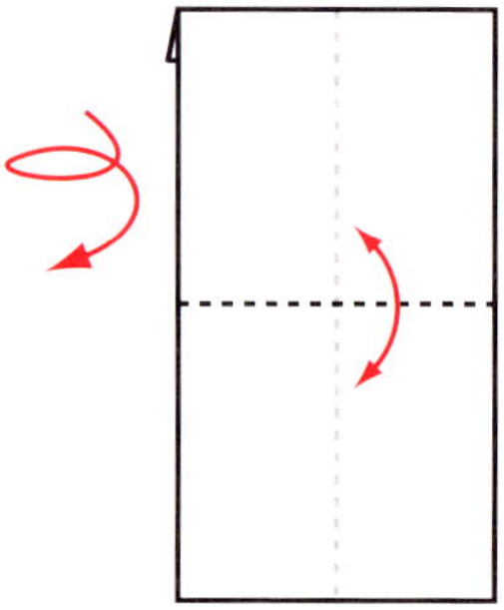

3 Die Figur umdrehen. Die Mittellinie quer vorfalten.

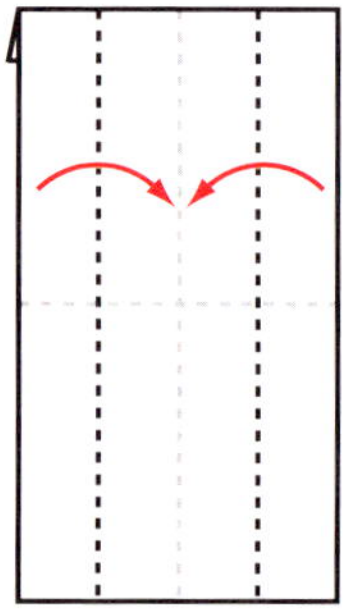

4 Die beiden Längsseiten zur Mittellinie falten.

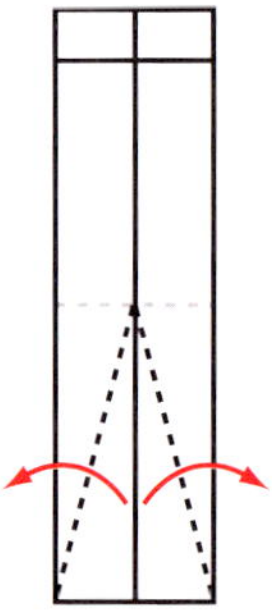

5 Unteren Flügel nach außen falten.

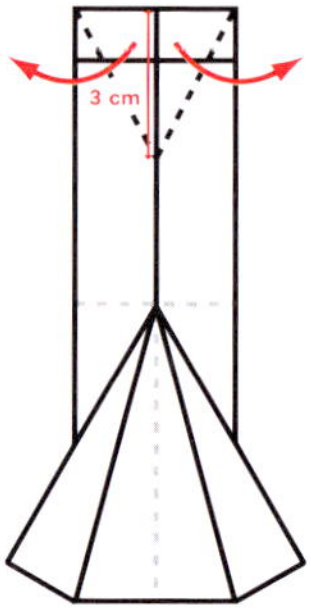

6 Obere Flügel nach außen falten, von den Ecken bis 3 Zentimeter unter der Oberkante.

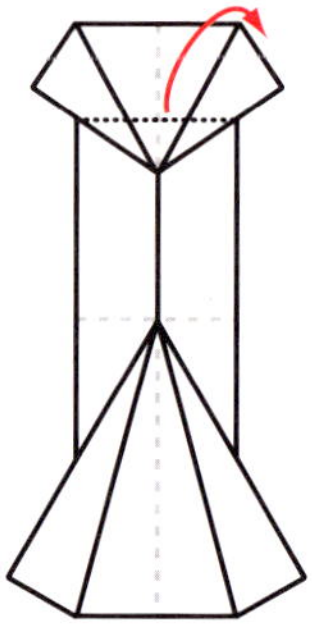

7 Die obere Kante wie gezeigt nach hinten falten. Ein Teil des Kragens bleibt vorne.

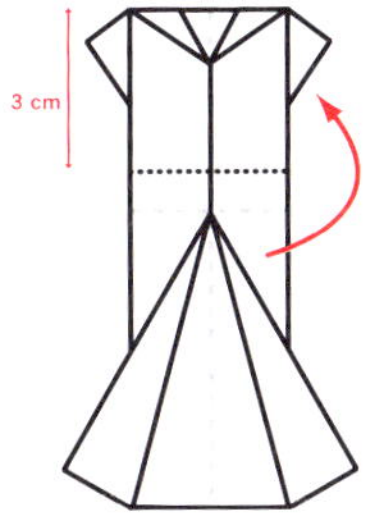

8 Den Rock nach hinten falten. Das Oberteil ist etwa 3 Zentimeter lang.

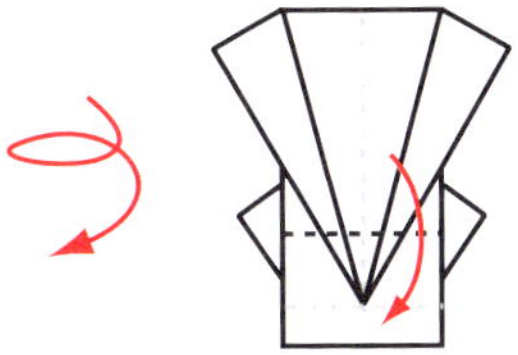

9 Die Figur umdrehen. Das Rockteil wie gezeigt nach unten falten. Damit ist das Kleid schon fast fertig.

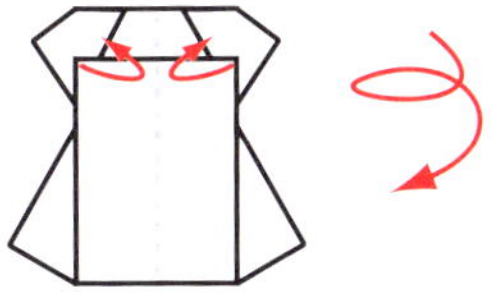

10 Die oberen Ecken des Rockteils unter die Ärmel schieben. Die Figur wieder umdrehen.

Elefant

Der gefaltete Elefantenkopf wird durch einen selbst gebastelten Elefantenkörper perfekt. Das geht viel einfacher, als Sie denken: eine bunte Satteldecke und vier Füße aus Karton, ein Schwänzchen aus Wolle, fertig!

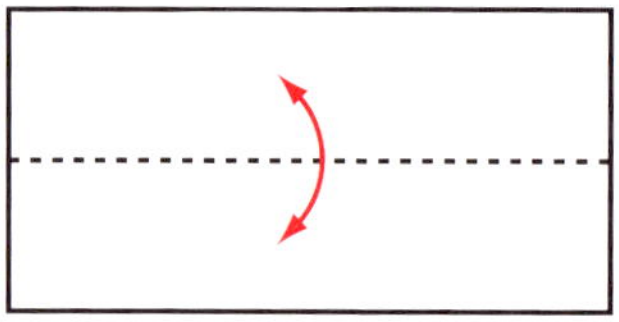

1 Die Mittellinie des Geldscheins längs vorfalten.

2 Die rechten Ecken zur Mittellinie falten.

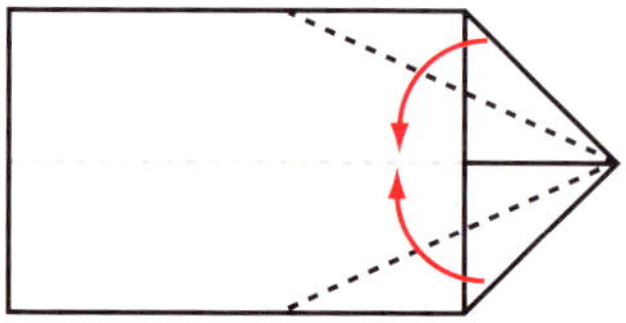

3 Die Ecken noch einmal zur Mittellinie falten.

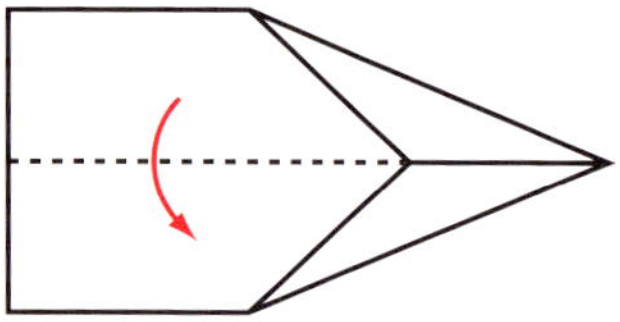

4 Die Figur entlang der Mittellinie zusammenfalten.

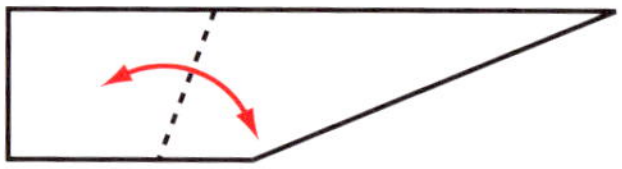

5 Hinter der Spitze eine schräge Linie wie gezeigt (durch alle Papierlagen) vorfalten.

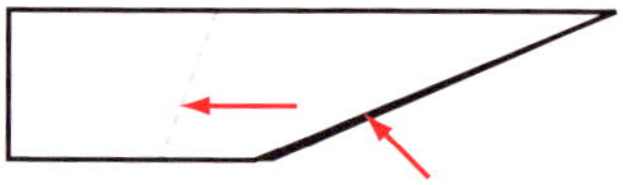

6 Figur leicht öffnen. Die rechte Spitze entlang der vorgefalteten Linie nach links schieben, um die Papierlagen vorne und hinten herum.

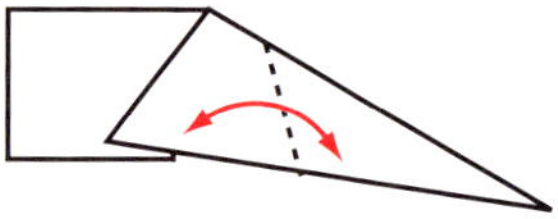

7 Die Spitze wie gezeigt durch alle Lagen vorfalten und eine Gegenfalte nach innen bilden.

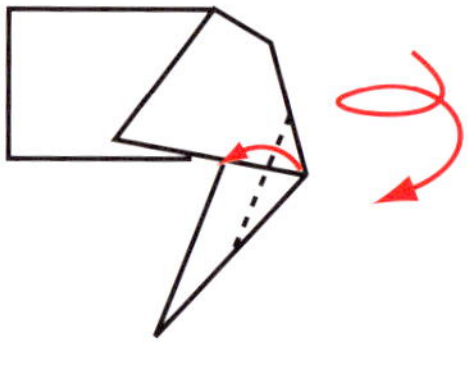

8 Die rechte vordere Ecke nach links falten. Die Figur umdrehen.

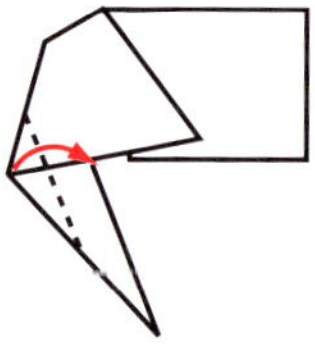

9 Faltung von Schritt 8 auf der Rückseite wiederholen.

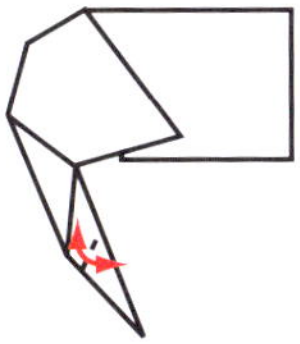

10 Die Spitze wie gezeigt vorfalten und eine Gegenfalte nach innen bilden.

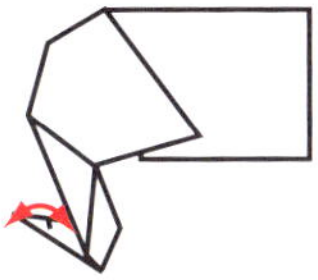

11 An der Spitze noch einmal vorfalten und eine Gegenfalte nach außen bilden.

Über dieses Buch

Die Autorin
Margit Bogner ist seit vielen Jahren als Redakteurin und Autorin von Ratgebern tätig, vor allem in den Bereichen Hobby und Basteln. Die Autorin lebt in München.

Haftungsausschluss
Die Inhalte dieses Buches sind sorgfältig recherchiert und erarbeitet worden. Dennoch kann weder die Autorin noch der Verlag für die Angaben in diesem Buch eine Haftung übernehmen.

Bildnachweis
Alle Fotos: Werbefotografie Weiss, Gersthofen

Impressum

Weltbild Buchverlag
–Originalausgaben–

Steinerne Furt, 86167 Augsburg
3. Auflage 2007

Projektleitung: Dr. Ulrike Strerath-Bolz
Umschlaggestaltung: X-Design, München
Umschlagabbildung: Werbefotografie Weiss, Gersthofen
Layout, Satz und Illustrationen: Lydia Koch, Augsburg
Reproduktion: Point of Media GmbH, Augsburg
Druck und Bindung: Offizin Andersen Nexö Leipzig GmbH, Zwenkau

Printed in the EU

Gedruckt auf chlorfrei gebleichtem Papier

ISBN 978-3-89897-573-5

Von A bis Z

Geschenkideen für alle Fälle